数字经济背景下企业营销转型对策研究

李丽芳 著

吉林出版集团股份有限公司
全国百佳图书出版单位

图书在版编目（CIP）数据

数字经济背景下企业营销转型对策研究 / 李丽芳著.
长春：吉林出版集团股份有限公司，2024.6. -- ISBN 978-7-5731-5271-8

Ⅰ. F274

中国国家版本馆CIP数据核字第2024ZS3074号

SHUZI JINGJI BEIJING XIA QIYE YINGXIAO ZHUANXING DUICE YANJIU

数字经济背景下企业营销转型对策研究

著　　者	李丽芳
责任编辑	杨　爽
装帧设计	寒　露

出　　版	吉林出版集团股份有限公司
发　　行	吉林出版集团社科图书有限公司
地　　址	吉林省长春市南关区福祉大路5788号　邮编：130118
印　　刷	河北万卷印刷有限公司
电　　话	0431-81629711（总编办）
抖 音 号	吉林出版集团社科图书有限公司　37009026326

开　　本	710 mm×1000 mm　1 / 16
印　　张	12.5
字　　数	200千字
版　　次	2024年6月第1版
印　　次	2024年6月第1次印刷

书　　号	ISBN 978-7-5731-5271-8
定　　价	78.00元

如有印装质量问题，请与市场营销中心联系调换。0431-81629729

前　言

"数字经济是继农业经济、工业经济之后的更高级的经济形态，也是我们正在经历的时期。"① 在当今时代，数字经济已经成为全球经济发展的新引擎。随着信息技术的飞速发展，特别是物联网、大数据、人工智能等技术的广泛应用，数字经济正在深刻地改变着人们的生产生活方式，对经济结构和企业运营模式产生了革命性的影响。

在数字经济的大背景下，企业营销转型面临着前所未有的挑战和机遇，人们可以看到，数字经济不仅是技术进步的产物，也是推动经济模式深刻变革的关键力量。对企业而言，有效地适应并利用数字化工具和策略，不仅是其可持续发展的关键，更是其营销转型成功的核心。

数字经济的首要优势在于它为企业提供了技术支撑，使企业能够更高效地整合零散的系统和数据。在营销转型过程中，这意味着企业可以通过数字化工具收集、处理和应用客户数据，从而更精准地定位目标市场和客户需求。利用大数据分析和人工智能技术，企业能够实现个性化营销，提升客户体验和满意度，进而增强客户忠诚度和品牌竞争力。

国家正在大力推进新型数字化基础设施建设，这为企业的数字化转型和营销创新提供了坚实的基础。通过建设信息基础设施、融合基础设施和创新基础设施，企业能够更有效地利用数字技术，支撑传统营销方

---

① 张立群、许东明、路亚鹏、黄思超：《数字化转型：区块链应用赋能》，企业管理出版社，2022，第84页。

式的转型升级。这包括利用社交媒体、移动营销、电子商务平台等数字渠道，拓展市场覆盖范围，提升品牌知名度和市场份额。

随着信息技术的不断进步，特别是人工智能、大数据、云计算、物联网和区块链等技术的发展，数字经济的前景广阔并且充满活力。对于企业营销转型而言，这些技术的发展不仅为企业提供了新的营销工具和手段，更重要的是它们推动了经济模式的变革，为企业营销带来了新的理念和模式。

就本书而言，本书的第一章为数字经济概述，介绍了数字经济的相关概念，探讨了数字经济的特征、原则与要素，并分析了数字经济的发展沿革与趋势。第二章为数字经济背景下企业营销环境分析，本章先对企业营销进行了概述，之后介绍了数字经济背景下企业营销环境的变化，并对数字经济背景下的客户特征和行为进行了分析。第三章为数字经济背景下企业营销转型的战略规划，具体讨论了企业在数字经济中如何进行营销理念的重塑、如何确定企业营销数字化转型的战略与目标的设定，以及如何建立健全的数字化营销组织。第四章为数字经济背景下企业营销渠道的多元化，探讨了企业在数字经济中对传统媒体渠道、数字媒体渠道和其他渠道的运用过程。第五章为数字经济背景下企业营销转型的保障体系建设，详述了数字文化建设、数字技术应用、数字平台建设和数字人才培养的重要性和实施方法。第六章为数字经济背景下企业营销转型典型案例解析，通过对具体案例的分析，展示了企业如何在数字经济背景下实施成功的营销转型策略。第七章为企业营销的未来展望，具体展望了大数据、云计算和物联网等技术在未来如何推动企业营销策略的进一步创新和全球营销生态的发展。

总之，本书通过理论与实践的结合，旨在为读者提供一个全面的视角，帮助读者全面理解并有效应对数字经济时代企业营销面临的挑战和机遇。

目 录

第一章　数字经济概述 ……………………………………………… 1
第一节　数字经济的相关概念 ……………………………………… 3
第二节　数字经济的特征、原则与要素 …………………………… 9
第三节　数字经济的发展沿革与趋势 ……………………………… 25

第二章　数字经济背景下企业营销环境分析 …………………… 41
第一节　企业营销概述 ……………………………………………… 43
第二节　数字经济背景下企业营销环境的变化 …………………… 61
第三节　数字经济背景下客户特征及行为分析 …………………… 69

第三章　数字经济背景下企业营销转型的战略规划 …………… 83
第一节　重塑企业营销理念 ………………………………………… 85
第二节　确定企业营销数字化转型的战略与目标 ………………… 100
第三节　建立健全企业数字化营销组织 …………………………… 105

第四章　数字经济背景下企业营销渠道的多元化 ……………… 113
第一节　传统媒体渠道 ……………………………………………… 115
第二节　数字媒体渠道 ……………………………………………… 124
第三节　其他渠道 …………………………………………………… 129

第五章　数字经济背景下企业营销转型的保障体系建设 ……… 137
第一节　数字文化建设 ……………………………………… 139
第二节　数字技术应用 ……………………………………… 142
第三节　数字平台建设 ……………………………………… 145
第四节　数字人才培养 ……………………………………… 148

第六章　数字经济背景下企业营销转型典型案例解析 ………… 153
第一节　Y 超市零售数字化营销案例解析 ………………… 155
第二节　G 银行信用卡数字营销案例解析 ………………… 162
第三节　R 汽车公司数字营销案例解析 …………………… 168

第七章　企业营销的未来展望 …………………………………… 171
第一节　大数据驱动精准营销不断升级 …………………… 173
第二节　云计算驱动自动营销全面打通 …………………… 177
第三节　物联网推动全球营销生态发展 …………………… 182

参考文献 …………………………………………………………… 187

第一章 数字经济概述

第一节 数字经济的相关概念

一、数字经济的定义

当前,人类已经进入信息社会,数字经济在市场中的占比逐渐增加。"要揭示数字经济发展过程中不同现象的内在联系及背后隐藏的相关规律,就必须透过大量数字经济的相关现象与问题概括出数字经济的发展规律,揭示数字经济的范畴与本质,并最终构建数字经济理论体系框架。"[1] "如今,数字经济几乎无处不在,它已经并将继续改变全球经济活动的模式与内容。"[2] "2016 年,G20 杭州峰会给出了数字经济的定义:数字经济是指以使用数字化的知识和信息作为关键生产要素,以现代信息网络作为重要载体、以信息通信技术的有效使用作为效率提升和经济结构优化的重要推动力的一系列经济活动。"[3]

自进入信息时代以来,数字技术的快速发展不仅引领了全球经济的新浪潮,更标志着一个全新的经济形态——数字经济的诞生。这种经济形态与传统的农业经济和工业经济截然不同,它依托于信息技术,以数据为核心,推动了经济和社会的全面而深刻的变革。

数字经济的核心是数字化技术的广泛应用,这些技术如同一股不可

---

[1] 申雅琛:《数字经济理论与实践》,吉林人民出版社,2022,第 1 页。
[2] 唐晓乐、刘欢、詹璐遥:《数字经济与创新管理实务研究》,吉林人民出版社,2021,第 2 页。
[3] 丁瑛:《生态环境与消费决策》,北京邮电大学出版社,2022,第 120 页。

阻挡的潮流，正加速渗透传统产业的每个角落。这种渗透不仅局限于产业的数字化改造，还包括数字产业链和产业集群的发展壮大。例如，互联网数据中心（IDC）、5G网络、工业互联网等新型基础设施的建设，都是围绕科技新产业展开的数字经济基础设施建设。当今，这些新型基础设施被视为推动经济高质量增长的关键。

数字经济的崛起带来了各种新业态。这些新业态，如电子商务、云计算、大数据分析等，不仅成为中国经济增长的新引擎，也为全球经济增长提供了新的动力。更重要的是，数字经济通过提升网络基础设施和智能化水平，极大地提高了人类处理大数据的能力，这不仅推动了全球经济从工业经济向信息经济、知识经济乃至智慧经济的转变，还显著降低了社会交易成本，提高了资源配置的效率。数字经济的发展还有利于提升产品、企业和产业的附加值，推动社会生产力的快速发展。对于落后国家而言，数字经济为其提供了一个赶超的机遇，使它们有可能实现技术上的跃迁和经济上的超越。

在中国，数字经济的发展尤为显著。通过充分利用数字经济所提供的历史机遇，中国在许多领域实现了超越性的发展。从移动支付到电子商务，从智能制造到数字教育……中国的数字经济展示了其深厚的实力和广阔的潜力。数字经济不仅是一个新兴的经济领域，它更是社会发展的新动力。数字经济通过提高生产效率和创新能力，推动了全球经济的转型升级。对于中国而言，数字经济不仅是国家战略的重要组成部分，也是推动经济持续健康发展的关键力量。在某种程度上，数字经济是信息经济的另一种称谓，旨在突出支撑信息经济的信息技术二进制的数字特征。关于数字经济的通俗说法是"数字产业化"+"产业数字化"。

二、数字经济的产生基础

"数字经济是人类社会发展出的一种新经济形态，如今日益成为全球经济发展的新动能,在全球经济发展中占据着重要位置。"[1]数字经济不是凭空产生的,而是在一定基础上逐渐产生的。

（一）数字化资源

"从要素来看,数字化资源已经成为数字经济发展的必要基础之一。"[2]数字化资源作为数字经济产生的基础之一,其重要性体现在多个层面。它们包括各种形式的数字化信息和内容,如文本、图片、视频、音频以及更复杂的应用程序和服务。这些资源通过数字化的形式存储、处理和传播,为数字经济提供了丰富的原材料和基础设施。数字化资源的核心价值在于它们使得信息的存储、处理和分析成为可能,为业务流程优化、服务质量提升、新产品开发以及产业创新提供支持。同时,这些资源的共享和流通促进了全球范围内的交流和合作,推动了知识的传播和技术的发展。数字化资源是许多新兴业态和服务模式的基础,例如,电子商务、云计算、大数据分析和人工智能等,它们正在重塑传统行业和市场。通过大数据和人工智能技术,数字化资源还可以用于提供个性化服务和产品,满足消费者的个性化需求。在提高生产效率方面,数字化资源使企业能够更有效地管理其运营流程,提高生产力和效率,这种效率的提升不仅限于单一企业,还扩展到整个供应链。同时,数字化资源在教育、医疗、政务等领域的应用提高了公共服务的质量和效率,促进了社会的整体发展。

（二）数字化平台

数字化平台作为数字经济产生的基础之一,其重要性不容忽视。这些平台提供了一个集成环境,通过结合云计算、大数据分析、人工智能和物联网等先进技术,为个人、企业和政府提供了高效的交流、合作,以及商业交易工具。在平台基础上进行数据存储与传输,进而利用数字

---

[1] 丁瑛:《生态环境与消费决策》,北京邮电大学出版社,2022,第120页。
[2] 王利萍、吉国梁、陈宁:《数字化财务管理与企业运营》,吉林人民出版社,2022,第1页。

技术进行智能化升级，反复循环形成扩大数字经济特有的系统体制。[①]数字化平台的核心价值在于促进信息的流通和共享，这不仅提高了知识的传播速度，也促进了创新。它们通过在线交易和沟通工具降低了交易成本，使得各规模企业和个体经营者能够以更低的成本参与全球市场。这些平台还推动了产业的创新，包括商业模式和产品服务的创新。利用数据分析和人工智能技术，数字化平台能够提供高度个性化的服务，更好地满足消费者的需求。数字化平台支持企业的全球化经营，打破地理界限，使企业能够与全球客户和供应商建立联系。此外，企业可以利用平台上的工具和服务来优化运营流程，提升效率和生产力。

（三）数字技术体系

从技术来看，数字技术的产生对数字经济的高质量发展起着驱动作用。信息通信技术催生信息技术革命，技术的进步会推动产业变革的发展，可以说数字技术是数字经济发展的不竭动力，数字技术的突破对发展数字经济产生了极大的促进作用。[②]数字技术体系作为数字经济产生的基础之一，扮演着至关重要的角色。它包括一系列相互关联的技术，如互联网、云计算、大数据、人工智能、物联网等，这些技术共同构成了支撑数字经济发展的技术框架。这个技术体系的核心在于其能够提供高效的信息处理功能、强大的数据分析功能和灵活的交互方式，从而使得信息的存储、管理、分析和传播更加高效和智能。它为各种商业活动和服务提供了数字化的解决方案，使得企业和消费者能够在一个高度互联和自动化的环境中进行交互。数字技术体系的发展不仅推动了新业态的出现和传统行业的转型，还促进了经济和社会的整体进步。通过数字技术体系，企业能够更好地理解市场需求，提高运营效率，创新商业模式；消费者则能够享受到更加便捷、个性化的服务。

---

① 王利萍、吉国梁、陈宁：《数字化财务管理与企业运营》，吉林人民出版社，2022，第1页。

② 同上。

三、数字经济的意义与价值

"数字经济的迅猛发展深刻地改变了人们的生活、工作和学习的方式，并在传统媒体、商务、公共关系、电影电视、出版、娱乐等众多领域引发深刻变革。"[①]可见，数字经济对于当代社会的影响是全面而巨大的。

（一）数字经济有利于为经济发展提供借鉴和启发

"随着全球信息化步入全面渗透、跨界融合、加速创新、引领发展的新阶段，我国也借势深度布局、大力推动数字经济的发展，从而使其逐渐成为整体经济创新发展的强大引擎，并为全球经济复苏和优化发展提供借鉴和启发。"[②]数字经济强调以技术创新作为发展的核心动力。这一点为经济发展提供了新的思路，即通过不断的技术创新来促进产业升级和经济增长。数字经济展示了数据作为一种资产的巨大价值。数据分析和数据驱动的决策制定为经济发展提供了新的视角，强调基于大数据的洞察和预测在商业发展和政策制定中的重要性。数字经济通过新技术推动了商业模式的创新，如共享经济、平台经济等。这些新模式为传统行业提供了转型和发展的新思路。

（二）数字经济有利于推动社会生产方式的现代化转变

"数字化工具、数字化生产、数字化产品等数字经济形态快速崛起，为新常态下我国经济发展提供了新动能。"[③]这种转变不仅仅体现为经济增长的数字化和智能化，更深刻地影响着生产方式、企业经营、市场结构和社会生活的各个方面。数字化工具和技术，如云计算、大数据、人工智能等，正在改变传统的生产和管理方式。企业可以利用这些工具优化其生产流程，提高效率和质量，减少成本。同时，这些工具使得企业能够更快速地适应市场变化，提升其创新能力和竞争力。数字化生产则是通过在

---

① 李瑞：《数字经济建设与发展研究》，中国原子能出版社，2022，第15页。
② 同上。
③ 同上书，第16页。

企业的生产过程中应用信息集成技术，实现生产的自动化和智能化。这不仅提高了企业的生产效率和灵活性，还有助于提升产品质量和生产的可持续性。数字化生产的应用覆盖了从设计、制造到物流和销售的全过程，极大地推动了制造业的转型升级。数字化产品如软件应用、数字内容和在线服务等，正在快速增长并成为经济增长的新引擎。这些产品满足了消费者对于便捷、个性化服务的需求，同时推动了新的商业模式和市场的形成。数字经济的各种形态为中国经济发展注入了新的活力。它不仅为传统行业提供了转型升级的新路径，也催生了许多新兴产业和商业模式。在新常态下，数字经济的发展是推动我国经济持续健康发展的关键，它有助于提升国家的经济实力和国际竞争力。随着数字化深入各行各业，数字经济将继续成为推动我国经济转型和创新发展的重要力量。

（三）数字经济有利于激发社会文化多元性

数字经济对于激发社会文化多元性具有显著作用。在数字经济的推动下，社会文化表现出前所未有的丰富多样性和创新活力。这主要是因为数字技术的普及和发展为人们提供了更加广阔的信息获取渠道和表达平台，使得不同文化、价值观和创意能够在全球范围内更容易地交流和碰撞。

在数字经济中，网络和社交媒体平台使得信息传播更加迅速和广泛，这不仅加强了不同文化间的互动，还促进了人们对不同文化的理解和尊重。个体和群体能够更容易地接触不同的文化元素，如音乐、电影、艺术和文学，从而丰富了他们的文化生活。

数字技术为个人和小型创意团队提供了展示和分享其创意作品的平台，降低了文化创作和传播的门槛。这使得更多多样化和边缘化的文化表现形式得以浮现和发展，增加了社会文化的多元性。同时，数字经济促进了新型文化产业的发展，如数字艺术、视频直播和电子竞技等，这些新兴领域不断推动文化形式的创新和发展，为人们提供了更多元的文化选择和体验。

数字经济通过提供多样化的信息和表达平台，为社会文化多元性的发展提供了肥沃的土壤。它不仅促进了文化交流和理解,还催生了新的文化形式和产业,为社会文化的丰富性和创新性作出了重要贡献。

第二节 数字经济的特征、原则与要素

一、数字经济的特征

数字经济是以信息网络为基础,通过数字化的信息和通信技术,推动经济模式和社会生活深刻变革的新经济形态,正引领全球经济发展的新趋势。

数字经济的特征(图1-1):

图1-1 数字经济的特征

（一）快捷性

快捷性作为数字经济的核心特征之一，正逐步改变着全球经济的面貌。互联网作为数字经济的基础，不仅打破了传统的国家和地区界限，而且使整个世界紧密相连，将地球变成了一个"地球村"。这种无界限的连接，促进了文化、信息和资源的自由流动，加速了全球化进程，同时为企业和个人提供了前所未有的发展机遇。

互联网的发展突破了时间的限制，使得信息传输和经济往来可以在更短的时间内完成。这种时间上的优势，极大提高了工作效率和反应速度，对于快节奏的现代社会尤为重要。人们不再受地理位置和时间差的限制，可以随时随地与他人进行沟通、交易和协作。这种快速响应能力，对于人们应对市场变化、把握商业机会具有重要意义。

数字经济被称为速度型经济，其最大特点是信息的快速传输和处理。在这个时代，信息几乎以光速在网络中传播，人们可以实时获取和处理信息。这种高速的信息流动不仅加快了决策过程，还促进了新知识和创新思想的快速传播。例如，企业可以快速收集市场数据，迅速调整营销策略；科学家可以实时共享研究成果，加速科学进步。

在数字经济中，快捷性不仅体现在信息传输上，还体现在经济活动的各个方面。电子商务的兴起使得购物更加方便快捷，消费者可以在线上购买各种产品和服务，并享受快速配送；远程办公和在线教育让人们可以不受地理限制地工作和学习；智能制造和自动化技术提高了生产效率，缩短了产品从设计到进入市场的周期。

快捷性还带来了新的商业模式和服务方式。共享经济的兴起就是一个典型例子，它通过高效利用空闲资源，为人们提供了更加灵活和经济的服务，如共享单车、共享汽车和短租住宿等。这些新模式不仅提高了资源利用效率，还满足了消费者多样化和个性化的需求。

数字经济的快捷性正推动着经济社会向更加高效、便捷和智能的方向发展。在这个过程中，数字经济不仅创造了新的经济增长点，还促进了社会治理和生活方式的创新。随着技术的不断进步和应用的不断拓展，数字经济的快捷性将继续为全球经济带来更多的变革和机遇。

（二）渗透性

信息技术和网络技术的快速发展，带来了前所未有的渗透性，深刻影响着各行各业。在这种背景下，信息服务业不再局限于传统的第三产业范畴，而是开始向第一产业（农业）和第二产业（工业）迅速扩张。这种跨界融合，正逐渐打破传统产业之间的界限，形成了一种新的经济生态系统。

在第一产业中，信息技术的应用促进了农业智能化和精准化的发展。利用大数据、物联网、人工智能等技术，农业生产可以实现更加精确的种植、灌溉、施肥和病虫害防治。例如，通过遥感技术和地理信息系统，农民能够实时监控土壤和作物状况，优化作物管理和收成预测。智能农业的兴起不仅提高了农业的生产效率，也推动了农业向更加可持续和环保的方向发展。

在第二产业，尤其是制造业领域，信息技术的渗透正引领着工业4.0的革命。通过物联网、云计算、大数据分析和人工智能等技术，制造业正在从传统的生产方式向智能制造转变。这一转变不仅体现在生产自动化上，更体现在整个生产过程的智能化管理和优化上。智能工厂利用数据驱动的决策，实现了资源的优化配置，提高了生产效率和质量，同时降低了成本和能源消耗。

第三产业特别是服务业，也正在经历由数字技术驱动的转型。从金融、零售到医疗、教育，数字技术正在改变传统服务业的运作模式。例如，在金融领域，区块链技术的应用正改变着人们的交易方式和资产管理的方式；在零售行业，电子商务和智能物流系统正在重塑购物体验和供应链管理；在医疗领域，远程医疗和人工智能辅助诊断正在提高医疗服务的可达性和质量。

这种跨产业的渗透和融合，正在催生新的业态和商业模式。共享经济、平台经济、物联网经济等新概念和模式的出现，正是信息技术渗透性的直接体现。这些新业态不仅为消费者带来了更多选择和便利，也为企业创造了新的增长点和竞争优势。

（三）膨胀性

数字经济的膨胀性是其最显著的特征之一，体现在网络效应和市场动态上。这意味着，随着网络用户数量的增加，网络产生的效益将呈指数级增长。这种特性在数字经济中尤为明显，因为数字经济高度依赖网络和信息技术。

在数字经济中，用户的每一次互动、每一次交易、每一个数据的生成和传递，都在扩大网络的规模和增强网络的价值。随着网络规模的扩大，网络能够提供更多的服务和功能，吸引更多用户加入，形成一个良性循环。这种网络效应不仅促进了信息资源的积累和共享，还加速了创新的传播和应用。

然而，数字经济的膨胀性也带来了市场动态的变化。例如，在数字经济中，一些大型互联网企业由于其庞大的用户基础和丰富的数据资源，能够持续优化其服务，吸引更多用户，从而进一步加强其市场地位。而对于一些小型企业和新进入者来说，由于缺乏足够的用户基础和资源，很难在这种竞争中获得优势。数字经济的膨胀性还体现在其对传统经济的影响上。随着数字技术的发展和应用，越来越多的传统企业开始进行数字化转型，利用大数据、人工智能等技术优化其业务流程和服务模式。这种转型不仅提高了企业的效率和竞争力，也为经济发展注入了新的活力。同时，数字技术催生了新的商业模式和市场机会，如共享经济、电子商务等，这些新模式进一步推动了经济的"膨胀"和创新。

（四）直接性

数字经济的直接性特征是指其能够使经济活动更加直接、高效，并减少中间环节。这一特性在现代经济体系中尤为突出，其主要得益于信息技术的快速发展和广泛应用。数字经济通过网络平台直接连接生产者和消费者，极大地缩短了产品和服务的交付链路，提高了整个经济系统的运行效率。

数字经济通过电子商务平台，使得商品和服务的交易更加直接和便捷。消费者可以通过网络平台直接购买产品，无须经过传统的零售环节，这不仅减少了交易成本，也提高了交易的速度和便捷性。

数字经济通过信息技术，使得企业的内部管理和决策更加直接高效。企业可以利用大数据分析、云计算等技术，快速收集和处理大量信息，及时作出决策。这种基于数据驱动的管理模式，不仅提高了决策的准确性，也加速了企业对市场变化的响应。

数字经济在金融服务领域的应用，也体现了其直接性特征。传统的金融服务通常需要通过银行或其他金融机构作为中间环节。而在数字经济中，借助互联网金融、区块链等技术，金融服务可以直接在线上完成，如网上银行、移动支付、P2P借贷等。这些服务的直接性不仅为用户提供了更高效的金融体验，也降低了用户的成本。数字经济的直接性特征还体现在其对创新和创业的促进上。互联网和相关技术降低了创业的门槛，创业者可以直接通过网络平台接触到消费者和市场，迅速验证其商业理念和模式。这种直接性为小型企业和创业者提供了更多机会，促进了整个经济体系的创新。

（五）去中心性

"在数据时代，企业的很多信息是公开透明的，是可以共享的，从而减少了传统经济数据模式的高额成本与节点累加的成本。从这个方面说，哪家企业能拥有数据，利用好数据，就能更容易发现潜在的商机与蓝海。对于企业来说，要尽快以去中心化的思维来重新创新企业的经营与发展之路，不谋未来何以谋生存。"[①] 数字经济的去中心性特征是其最核心的

---

① 朱文兴、张培泉、邱永锋、陈雪玲：《组织赋能：卓越经理人8项修炼》，企业管理出版社，2022，第207页。

属性之一，这种特征主要体现在数据和信息流动的自由化、平台经济的兴起以及产业结构的变革中。在数字经济时代，传统的中心化模式正在被新的去中心化模式所替代，这一转变对经济结构、企业运营、个人行为乃至整个社会带来了深刻的影响。数字技术尤其是区块链技术的发展，为去中心化提供了技术基础。区块链通过分布式账本技术，允许数据和交易信息在无须中心机构的情况下进行验证和记录，从而降低了交易成本，提高了效率和安全性。这种技术的应用不仅限于数字货币，还扩展到供应链管理、智能合约、版权保护等多个领域。互联网平台的兴起也反映了数字经济的去中心化特点。平台如电子商务网站、社交媒体和在线服务平台等，通过连接广泛的用户和提供者，创建了去中心化的市场和社交空间。这些平台打破了传统的业务模式和市场结构，允许个人和小企业直接参与全球市场，提升了市场效率和用户体验。

去中心化还体现在数字经济对传统产业的重塑上。数字化转型使得许多行业，如制造业、金融业和教育业，正在向更加去中心化的方向发展。例如，互联网金融通过提供在线金融服务，降低了金融服务的门槛，打破了传统银行业的中心化模式。在线教育和远程教学则突破了传统教育的地理和时间限制，为学习和知识共享提供了更加灵活和包容的环境。

（六）网络化

"全球网络空间治理体系要想实现深度变革，离不开数字经济。以数字经济为驱动力，推动网络空间开放、合作、交流、共享，让互联网更好助力经济发展、社会进步、生活改善，做到发展共同推进、安全共同维护、治理共同参与、成果共同分享。"[①] 所以，未来的数字经济发展具有明显的网络化的特征。数字经济的网络化特征极大地推动了经济活动的全球化和信息化，改变了传统的经济结构和运作方式。未来，随着技术

---

① 张琳琳、伍婵提：《数字经济背景下零售商业模式创新与路径选择研究》，上海交通大学出版社，2022，第9页。

的持续发展和应用的不断扩展,数字经济的网络化将继续深化,对经济社会产生更加深远的影响。

网络化特征体现在经济活动的全方位连接、信息资源的共享以及市场结构的全球化等方面。网络化不仅是指物理意义上的网络连接,更关乎信息流动、资源共享和市场互动的广泛性和深入性。数字经济的网络化体现在经济活动中各方的紧密连接。在数字经济中,企业、消费者、服务提供者和政府等各方均通过网络平台进行互动和交易。例如,电子商务平台连接了全球的买家和卖家,使他们能够打破地理和时间限制进行交易;社交媒体网络将人们连接在一起,促进信息的快速传播和交流;云计算和大数据平台则集成各种资源和服务,为用户提供高效的数据处理和分析能力。数字经济的网络化还体现在对信息资源的共享上。在数字时代,信息成为最重要的资源之一。网络技术使得信息能够在全球范围内快速流动和共享。这种信息的共享和流动,极大地促进了知识的传播、创新的孵化和新技术的应用。例如,开源软件和共享平台使得来自不同背景的开发者能够共同参与软件的开发和改进;在线教育资源的共享则为世界各地的学习者提供了丰富的学习机会。

(七)开放性

"数字经济的开放首先指人的开放,人与人的关系以及部分行为和互动的开放。"[1]在数字经济时代,开放性不仅促进了信息和资源的自由流通,也推动了全球经济的互联互通和深度融合。

互联网和社交媒体平台的兴起,使人们能够跨越地理和文化的界限,建立更广泛的社交网络。这种网络化的社交结构,不仅促进了信息的快速传播和交流,也加深了不同文化和社群之间的理解和合作。

数字经济中的行为和互动更加开放。数字技术的发展,尤其是移动

---

[1] 唐晓乐、刘欢、詹璐遥:《数字经济与创新管理实务研究》,吉林人民出版社,2021,第5页。

互联网和云计算技术的应用，使得个人和企业可以更灵活地参与经济活动。这种开放性不仅体现在消费行为上，也体现在创新和创业上。互联网平台为个人提供了展示才华、分享创意和启动创业项目的机会；开放的数据和应用程序编程接口则为开发者和创业者提供了丰富的资源，促进了技术创新和应用的发展。

（八）可持续性

数字经济的可持续性特征体现在它如何在推进经济增长的同时促进环境保护、社会公平和长期资源管理上。这种特征在数字化转型的背景下变得尤为重要，因为它不仅关乎即时的经济效益，还涉及未来几代人的福祉。

在资源利用和环境保护方面，数字经济通过引入高效的技术和数据管理，优化了能源和原材料的使用。例如，物联网技术在农业中的应用能减少水和肥料的浪费，而云计算技术的应用则降低了企业的能源消耗。此外，大数据分析帮助企业更精确地预测需求，减少过度生产带来的资源浪费。

在促进社会公正和包容性方面，数字经济通过提供更广泛的在线服务，为不同社会群体创造了平等的机会。例如，远程教育平台为偏远地区的学生提供了高质量的教育资源，而电子支付系统则使得银行服务触及更多未曾享受传统银行服务的人群。然而，数字经济的可持续发展同样面临挑战。技术发展带来的数据安全和隐私问题需要通过法律和政策得到有效管理。同时，为了减少数字鸿沟，国家需要加大对基础设施的投资，确保所有人都能享受数字化带来的好处。此外，政府、企业和民间组织需要共同努力，确保技术进步能够造福社会。

数字经济的可持续性发展要求人们在追求经济增长的同时，考虑环境保护和社会福祉。这不仅需要创新的技术解决方案，还需要全社会的共同参与和负责任的政策制定。通过多方努力，数字经济才能够成为促进全球可持续发展的重要力量。

二、数字经济的原则

数字经济的原则强调以技术创新为驱动，促进信息共享和资源高效利用，同时重视数据安全和隐私保护，以实现经济增长、社会公平和环境可持续性的协调发展。

数字经济的原则（图1-2）：

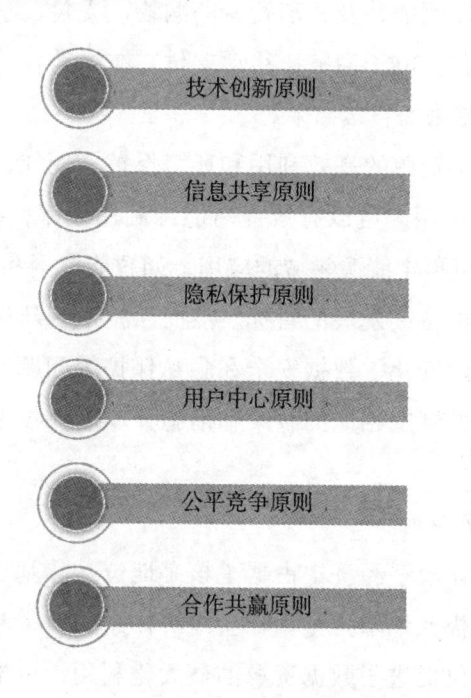

- 技术创新原则
- 信息共享原则
- 隐私保护原则
- 用户中心原则
- 公平竞争原则
- 合作共赢原则

图1-2 数字经济的原则

（一）技术创新原则

技术创新原则涉及新技术的研发，以及这些技术的应用和普及。这一原则的实质是通过不断创新来推动经济的增长和社会的进步。

技术创新是驱动数字经济增长的主要动力。在互联网、大数据、云计算、人工智能、区块链等新兴技术的推动下，数字经济正在不断地发展和变革。这些技术的创新和应用，改变了传统的商业模式，使得经济活动更加高效和灵活。例如，云计算技术使得企业能够更快捷地存储和处理大量数据，大数据技术帮助企业从海量信息中提取有价值的信息，人工智能技术则在提高企业生产效率、改善客户服务等方面发挥着重要作用。

技术创新带来的是一种全新的经济活动方式和社会互动模式。随着智能手机和移动互联网的普及，消费者的购物、支付、学习甚至娱乐方式都发生了根本变化。电子商务、移动支付、在线教育等新兴业态的发展，都是技术创新带来的直接结果。

技术创新促进了资源的高效利用和环境保护。例如，物联网技术在智能城市建设中的应用，可以有效提高能源利用效率，减少环境污染。同时，数字技术在可再生能源领域的应用，如智能电网和智能家居系统，可以帮助人们实现可持续发展的目标。然而，技术创新也带来了一系列挑战，如就业市场的变化、数据安全和隐私保护等问题。因此，推动技术创新的同时，需要制定相应的政策和措施，以确保技术发展的正当性和安全性。

（二）信息共享原则

信息共享原则在数字经济中占据了核心地位，它基于一种理念：开放和共享信息可以极大地增强整个社会经济体系的效率和创新能力。这一原则的实施，不仅促进了数据资源的最大化利用，也推动了社会和经济的整体进步。信息共享原则鼓励数据和知识的自由流动。在数字经济中，各种类型的数据如消费者行为数据、市场趋势数据等成为重要资源。通过共享这些信息，企业能够更好地理解市场需求，优化产品和服务，从而提高竞争力。例如，共享健康数据可以帮助医疗机构和研究机构合作研发新药；共享交通数据可以提升城市交通管理的效率。信息共享原则促进了跨行业和跨领域的合作。在数字经济中，不同行业之间的界限变得模糊，数据和信息的共享使得原本孤立的行业能够相互借鉴和合作。例如，金融科技领域的发展就是金融行业与信息技术行业共享数据和技术的结果,这种合作促进了支付系统的创新和金融服务的普及。信息共享原则还有助于提高政府的公共服务效率。政府数据的公开,可以增加政府工作的透明度,提高民众对政府工作的满意度。例如,一些国家和城市已经开始开放交通、环境监测等数据,公众可以通过这些信息更好地规划生活,而政府也可以利用这些数据更有效地规划城市发展和应对紧急情况。

(三)隐私保护原则

隐私保护原则在数字经济的发展中变得日益重要,特别是在当前数据成为企业核心资产的背景下。这一原则不仅与个人信息安全紧密相关,也是确保数字经济健康、可持续发展的关键。

隐私保护原则要求企业对个人信息进行严格的管理和保护。在数字经济时代,个人数据的采集和分析为企业提供了宝贵的洞察,帮助它们改善产品和服务。然而,这也引起了人们对个人隐私侵犯的担忧。例如,社交媒体平台通过收集用户的个人喜好、位置信息和社交活动来定制服务,如果缺乏有效的隐私保护措施,这些敏感信息的泄露可能会对用户造成严重影响。

隐私保护原则强调建立和完善相关的法律法规与标准。众多国家和地区已经推出了相应的法律规定来保障个人数据的安全,目前,各国出台的许多法规明确了数据的收集、处理和传输规范,确保了用户对自己的个人信息具有足够的知情权和控制权,法规也明确要求企业采取必要的技术和管理措施来确保数据的安全。

隐私保护原则鼓励企业使用先进技术加强数据的安全性。例如,数据加密技术可以在传输过程中保护信息不被非法窃取,数据匿名化和伪装技术则允许在保护个人身份的同时对数据进行分析。区块链技术由于其不可篡改性和去中心化的特点,也被认为是提高数据安全和隐私保护的有效手段。

(四)用户中心原则

用户中心原则在数字经济中的应用,体现了一种以用户为核心的商业模式和服务理念。这个原则的核心在于深入理解和满足用户的需求和期望,通过提供个性化和定制化的服务来提升用户体验和满意度。用户中心原则要求企业必须将用户需求置于其业务发展的核心位置。这意味着企业的产品设计、服务创新、市场营销甚至商业模式的制定都需要围绕用户需求来进行。例如,亚马逊的推荐系统通过分析用户的购物习惯和偏好,为用户推荐他们可能感兴趣的商品,极大地提高了用户购物的便利性,为用户提供了个性化体验。用户中心原则在数字经济中特别强调通过对数据的利用来更好地理解用户。通过收集和分析大量的用户数据,包括购买历史、搜索习惯、社交媒体行为等,企业可以获得对用户偏好和行为的深入洞察,从而设计出更符合用户需求的产品和服务。例如,Netflix 的电影推荐算法根据用户的观看历史和评分,为用户推荐电影和电视节目,提高了用户黏性和满意度。用户中心原则促使企业不断创新服务模式,以提供更加方便、快捷的用户体验。例如,移动支付和在线客服系统使得用户可以随时随地享受到便捷的支付和客户支持服务。同时,许多企业通过建立在线社区来增强与用户的互动,通过用户反馈和建议来持续改进其产品和服务。

(五)公平竞争原则

公平竞争原则在数字经济中的应用,是确保市场健康发展的关键。在数字化时代,这一原则的重要性体现在促进创新、保护消费者利益以及维护市场的多元化方面。

公平竞争原则要求为所有市场参与者提供平等的竞争机会。在数字经济中,大型科技企业由于资源和数据的优势,有时可能会形成垄断地位,阻碍新进入者的发展。例如,一些主导的在线平台可能利用其市场地位,限制竞争对手的市场接入或者对不同的服务提供商实行不平等的条款。因此,公平竞争原则要求监管机构制定相应的政策和法规,防止市场主导者滥用其支配地位，确保市场的公平和开放。公平竞争原则有助于创新和技术发展。当市场环境公平时，各种规模的企业都有机会通过创新来改善其市场地位。这种竞争促进了技术的迭代和更新，能为消费者带来更多的选择和更好的产品。例如，开源软件的发展就是一个典型案例，它鼓励开发者共享代码和创意，促进了软件技术的快速发展。公平竞争原则与消费者利益密切相关。当市场竞争公平时，消费者能从中获得更多的利益，如更低的价格、更高的质量和更多样化的选择。反之，市场垄断往往导致高价格和低质量的产品。因此，维护公平竞争的市场环境，是保护消费者利益的有效方式。

（六）合作共赢原则

合作共赢原则在数字经济时代尤为重要，它强调的是跨行业、跨领域间的协同与共享，目的在于通过合作实现各方利益的最大化。这一原则不仅推动了行业间的资源优化配置，也促进了创新和技术进步。合作共赢原则鼓励不同行业和领域之间的合作，这种跨界合作可以带来新的思维方式和创新模式。在数字经济中，技术的迅速发展使得传统行业的界限逐渐模糊。例如，汽车行业与信息技术的融合催生了智能网联汽车；医疗健康与大数据技术的结合则推动了精准医疗和远程医疗服务的发展。这些合作不仅为参与方带来了新的增长点，也为社会和消费者提供了更高质量的产品和服务。合作共赢原则促进了资源的共享和优势互补。在全球化和数字化的背景下，企业通过共享资源和知识，能够更有效地利用各自的优势，加快创新步伐。例如，云计算平台使得企业能够共享庞大的计算资源和存储空间，降低了信息技术的使用成本和门槛；开源软件社区通过共享代码和经验，促进了软件技术的快速发展。

合作共赢原则有助于促进可持续发展。在面临全球性挑战如气候变化、能源短缺等问题时，不同国家和地区之间的合作至关重要。通过共同研发清洁能源技术、制定环保标准等方式，各方可以共同应对挑战，实现可持续发展的目标。

三、数字经济的要素

数字经济的要素涵盖了数据、信息、产业等多个方面，共同构成了支撑数字经济发展和繁荣的基石。

数字经济的三要素（图1-3）：

图1-3 数字经济的三要素

（一）数据

在数字经济时代，数据已成为最关键的生产要素之一，它对于推动经济增长、促进创新和提升效率起着至关重要的作用。数据的价值和意义远远超出了传统的生产要素，如劳动力、资本和土地。

数据的价值在于它能够让企业深入洞察市场和理解消费者行为。通过收集和分析数据，企业能够更准确地预测市场趋势、优化产品设计、改善用户体验和制订有效的营销策略。例如，零售商通过分析购物数据可以优化库存管理，而在线广告公司通过分析用户行为数据，可以提供更精准的广告投放。

数据驱动创新和技术的发展。在数字经济中，数据不仅是生产的结果，也是创新的源泉。大数据、人工智能和机器学习等技术的发展依赖大量的数据输入，以进行算法和模型训练，提高精确度和可靠性。例如，医疗健康领域的数据分析帮助医生了解疾病模式和患者需求，推动了个性化医疗的发展和新药研发。

数据是优化资源配置和提高效率的关键。在智能制造、智慧城市和智能交通等领域，对大量数据的收集和分析，可以更高效地管理资源，减少浪费，提高运营效率。例如，智能电网通过分析用电数据优化能源分配，而智能交通系统则通过分析交通流量数据缓解道路拥堵和减少交通事故。

数据作为数字经济的关键要素，其挑战也不容忽视。数据安全和隐私保护是最大的挑战之一。随着数据量的不断增长，如何确保数据的安全存储和传输，防止数据泄露和滥用成了重要的议题。数据的所有权和使用权问题也日益凸显，如何在保护个人隐私的同时充分发挥数据的价值，是需要解决的关键问题。

因此，数据作为数字经济的核心要素，其价值和作用不容忽视。未来，随着技术的发展和数据量的增加，数据将继续在推动经济增长和促进社会进步中发挥关键作用。同时，如何有效管理和利用数据，保护数据安全和个人隐私，将是数字经济发展中不可避免的挑战。

（二）信息

信息作为数字经济中的另一个关键要素，对于经济生态的构建和发展起到了至关重要的作用。信息通信技术（ICT）的快速发展不仅推动了经济模式的变革，还为各行各业带来了前所未有的创新机遇。

信息技术的发展正在改变传统的供需关系和经济运作模式。在传统经济中，供需关系往往受物理资源的可用性和地理位置所限制。然而，在数字经济中，信息技术的运用，如云计算和大数据，使得供需关系变得更加灵活。这一变化使得企业能够根据实时的市场数据快速调整生产计划，更有效地满足消费者需求。例如，电子商务平台可以基于用户行为数据推荐商品，优化库存管理。

信息技术的应用促进了经济的普惠性、共享性和开源性。数字经济中的信息共享和协作平台，如社交媒体和在线合作工具，为不同背景和地域的人们提供了交流和合作的机会。这种开源和共享的文化促进了知识的快速传播和创新的加速，使得更多人能够参与经济活动。例如，GitHub等开源平台汇集了全球的开发者，他们共同参与软件项目的开发，加速了技术的创新和应用。

基于信息技术的应用正在推动经济的高质量发展。物联网技术的应用为城市和人们的家庭生活带来了革命性的变化。智慧路灯和智能家居系统不仅提高了能源使用的效率，还提高了居民的生活质量。智慧物流系统通过优化运输路径和货物追踪，提高了物流效率，降低了成本。这些应用展示了信息技术在提升经济效率和人们的生活质量方面的巨大潜力。

总之，信息作为数字经济的关键要素，正推动着经济模式的变革和社会生活的进步。未来，随着信息技术的不断发展和完善，它将继续在推动经济增长和提升生活质量方面发挥关键作用。同时，如何应对信息技术带来的挑战，将是数字经济发展过程中需要重点关注的问题。

（三）产业

产业作为数字经济的关键要素，其重要性在于推动了传统产业与数字技术的深度融合，从而促进了产业结构的优化和经济增长模式的转变。

数字经济时代下，传统产业的生产方式正在发生根本性的变化。通过引入信息技术，如物联网、大数据分析和云计算等，传统制造业正在向智能制造转变。这种转变不仅提高了企业的生产效率和产品质量，还使得生产过程更加灵活和可持续。例如，通过实时数据监控和分析，智能工厂能够实现生产过程的自动化调整，减少能源消耗和物料浪费。

产品和服务的融合是数字经济对传统产业的另一个重要影响。数字技术的应用使得产品不仅仅是物理实体，更是信息和服务的载体。例如，智能家电不仅提供基本功能，还能通过互联网连接提供远程控制、故障诊断和个性化服务。在服务领域，数字化使得服务更加便捷和个性化，如在线教育、远程医疗和电子商务等。

竞争规则的融合也是数字经济影响传统产业的一个重要方面。在数字经济中，竞争不再仅仅基于价格和产品，更多地依赖创新、用户体验和数据资源。这要求传统企业不仅要改善产品和服务，还要注重创新和数字化转型，以适应新的竞争环境。例如，许多传统零售商为了应对电子商务的竞争，开始采用线上线下融合的零售模式，提升用户购物体验。

产业融合是数字经济的一个显著特征。通过技术和产业的融合，新的业态和商业模式不断涌现，推动了经济的多元化发展。例如，数字科技和汽车行业的融合催生了智能网联汽车，而信息技术与农业的结合则推动了智慧农业的发展。发展数字经济的目的之一是实现产业的智能化。通过数字技术的应用，传统产业能够提升自动化和智能化水平，实现高效、灵活和可持续的生产方式。这不仅提高了产业的核心竞争力，也为经济发展提供了新的动力。

第三节 数字经济的发展沿革与趋势

一、全球数字经济的发展

全球数字经济的发展标志着一个新时代的到来，其以技术创新为驱动，重塑了经济结构和商业模式，促进了全球互联互通和信息的无界流动，同时带来了新的挑战和机遇。

（一）信息通信技术的产生和发展

20世纪40年代中后期，信息通信技术（ICT）的快速进步对世界经济产生了深远影响。自宾夕法尼亚大学于1946年研制出世界上第一台通用电子计算机以来，ICT的发展已经催生了一系列的新概念，如信息经济、互联网经济、新经济、知识经济等，这些概念虽然各有侧重，但都集中体现了技术在推动经济增长中的核心作用。

这一时期，ICT的重要发明如通用计算机、晶体管、光纤通信、互联网、移动通信等，不仅是技术进步的象征，更是数字技术和数字经济诞生的前提条件。这些技术革命性地改变了信息的处理和传播方式，为经济活动提供了全新的平台和工具。

20世纪90年代，特别是在美国和其他一些发达国家，ICT的迅猛发展对经济增长产生了显著影响。这一时期，ICT产业的增长速度不仅超过了整体经济增长速度，而且其在经济中的占比逐年上升。这种增长不仅表现在产值上，还体现在对就业、生产率和整体经济结构的影响上。与这些变化相伴而来的是宏观经济指标的积极变化：经济增速提升，失业率下降，通胀率降低。

经济学界采取不同的角度对这一现象进行了解释和概括。信息经济强调的是信息作为一种重要资源和产品的角色；互联网经济着重于通过互联网平台进行商业活动；新经济则强调了基于知识和信息技术的经济结构的转变；知识经济则更加强调知识和信息的生产、分配和使用在经济增长中的重要性。

（二）数字技术的初步兴起和萌芽

数字技术的兴起和发展，标志着ICT进入了一个新的阶段。它不仅是通信技术与计算机技术结合的产物，也是这两者的自然延伸和发展。数字技术的特点在于它的高精度、强容错性和广泛的通用性，这些特性使得它与传统的信息与通信技术有了明显的区别。

数字技术的初衷是利用特定的设备将各种信息（图形、文字、声音、图像等）转换成电子计算机能够识别的汇编语言，进行处理、存储、传输、传播和还原。这种技术的核心是采用二进制的方式来传输信息。而最早的数字技术可以追溯到电报，它采用简单的电路通断来传递信息，这实际上是一种原始的数字化表达。

随着互联网的发展，数字技术的应用范围变得更加广泛。现代的数字技术不仅包括资源、设备和信息的数字化，还涵盖了大数据、物联网、人工智能、区块链和云计算等多个领域。这些技术的发展不仅改变了人们处理信息的方式，也极大地影响了社会结构和经济活动。

在这一技术体系中，数据扮演着基础和核心的角色。数据可以被理解为对客观事物的逻辑归纳，是信息的载体和表现形式。数据通常以数字的形式表现，并在计算机语言中通过二进制表示。数据有两个关键特征：一是依赖载体而存在，即数据必须依附通信设备（服务器、终端和移动存储设备）才能存在；二是通过应用程序或代码来展示信息，而信息的生成、传输和存储都需要依靠原始的物理数据。

互联网技术的发展打破了传统上信息先于媒介存在的规律。在互联网时代，个体的网络行为数据通过网络可以实时产生同步信息，这是大数据时代的技术基础。如今，随着信息技术的不断进步，大数据、物联网、人工智能等技术的应用正在深刻改变着人们的生活和工作方式，推动着社会进步和经济发展。

1. 大数据

大数据作为一个新兴的信息技术和服务业态，正迅速发展成为一种能够处理数量巨大、来源分散、格式多样的数据集合的技术。它的主要特征包括数据量大、类型多样、存取速度快和应用价值高。大数据不仅仅是简单地积累大量数据，还是一个多维度的概念，包括数据的数量、速度和多样性。在大数据的多维度特征中，数量是其最基本的维度。巨大的数据量使得即使单个数据的价值很低，整体上也能产生巨大的价值。速度不仅指数据生成的速度，也包括数据处理的速度。对数据的及时、快速处理能够最大化其价值。多样性则指数据种类的多样性和数据来源的多样性，数据越多样，其客观性越强。从狭义上讲，大数据被视为一种计算机技术，即运用云计算、机器学习等计算机手段对用户在互联网上留存的信息进行收集、加工、再创造的技术。而从广义上讲，大数据强调一种思维方式，即利用大量多样且快速更新的数据来预测相应趋势，寻找不同现象之间的相关性。然而，目前人们对大数据的理解多局限于狭义的技术层面，而不是将其视为一种商品、服务或一个产业。

2. 人工智能

人工智能是计算机科学的一个重要分支。它是一门研究、开发用于模拟、延伸和扩展人类智能的理论、方法、技术及应用系统的新技术科学。简而言之，人工智能就是拥有智能的机器，它利用计算机来模拟人的某些思维过程和智能行为（学习、推理、思考、规划），制造出类似于人脑智能的计算机，使计算机能够实现更高层次的应用。人工智能的研究涉及多个学科，包括计算机科学、哲学、逻辑学、心理学等自然科学与社会科学的分支学科。它的研究范围已经远远超出了计算机科学的范畴。作为一个跨学科的研究领域，人工智能的发展不仅依赖计算机技术的进步，还需要借助其他学科的理论和方法。1956年夏季，一批年轻科学家共同探讨机器模拟智能的一系列相关问题，并首次提出了"人工智能"这一术语。人工智能的发展经历过三次热潮：第一次是20世纪50年代后期至60年代，该时期人工智能的特点是通过自然语言进行程序翻译，以实现搜索与推理的效果，机器定理证明、跳棋程序重要成果诞生于这一时期；第二次热潮是20世纪80年代，人工智能从理论层面逐渐走向实践，其标志是产生了大量专家系统，并成功地应用于医疗、化学、地质等领域；第三次热潮是21世纪初至今，其主要特征是基于大数据应用的人工智能逐渐实现机器学习、主动学习与深度学习的能力。人工智能在经济发展中的作用日益凸显，对劳动力市场冲击巨大，驱动"无人经济"发展，也正在推动传统产业升级换代。

3. 区块链

区块链技术自2008年由中本聪（Satoshi Nakamoto）提出以来，已经成为计算机科技领域的一种革命性创新。它是一种结合了分布式数据存储、点对点传输、共识机制和加密算法的新型应用模式。区块链的核心特点在于其去中心化的结构，这一特性使其在不同的应用场景中展现出独特的优势。

在区块链的体系中，信息不是存储在某一个中心服务器上，而是分布在网络中的每一个节点上。通过加密算法确保数据的安全性和完整性，共识机制确保网络中的所有节点对数据的一致性达成共识，奖励机制激励网络参与者维护整个系统的运行。

这种去中心化的设计解决了传统中心化存储模式中存在的多个问题，例如，提升了系统的可靠性，因为信息分散存储，即使部分节点出现故障，也不会影响整个系统；提高了安全性，去中心化的结构使得攻击或篡改数据变得极为困难；降低了成本，由于去除了中心化机构的管理和维护，交易成本大幅度降低；提升了效率，点对点的直接交易减少了中间环节，加快了交易速度。

区块链技术已经超越了最初的应用——比特币，逐渐渗透到金融、医疗、物联网、供应链管理等多个领域。在这些领域中，区块链的应用不仅提高了操作效率，还增强了透明度和信任度。未来，随着技术的不断成熟和应用领域的不断拓展，区块链将继续作为一种重要的技术力量，推动社会和经济的创新与发展。

4. 云计算

云计算作为一种创新的计算方式，其概念的雏形可追溯到20世纪60年代的公共计算和分布式计算。然而，直到2006年，"云计算"这一术语才正式出现在英语词汇中。

云计算的核心思想是将计算资源的提供和使用从传统的本地运算转移到网络上。目前云计算主要包括两个方面：一是互联网上提供的各种应用服务，即"软件即服务"模式；二是在数据中心提供这些应用服务的基础设施，即通常所说的"云"。

云计算对人们的工作和生活方式带来了革命性的变革。在云环境下，通过虚拟化技术，云计算服务提供商可以构建功能强大、可伸缩性高的数据和服务中心。这不仅为用户提供了强大的计算能力和巨大的存储空间，还使得用户可以不受时间和地点的限制，仅需通过互联网终端即可访问云服务，实现所需功能。

云计算的出现加速了需求从硬件向服务的转变。过去，个人和企业需要购买和维护自己的硬件设备和软件应用，而现在，他们可以通过云计算服务提供商来获取这些资源和服务。例如，企业可以使用阿里云来托管网站和应用程序，无须自己维护服务器和数据库。这不仅降低了企业成本，还提高了企业的运营效率。

云计算作为一种分布式并行计算、公共计算、网络计算的方式，不仅极大地改善了计算资源的使用效率和便捷性，也推动了信息技术的发展，对社会经济产生了深远的影响。随着技术的不断进步和应用的不断拓展，云计算将继续为各行各业带来更多创新和变革。

5. 物联网

物联网这一概念，最早于1999年由麻省理工学院自动识别中心的凯文·阿什顿（Kevin Ashton）教授提出。

物联网技术的核心在于将物理对象通过传感器、软件和其他技术连接到互联网，使物理对象能够收集和交换数据。通过这种方式，物联网实现了人与物、物与物之间的交互反馈和实时沟通。例如，智能家居系统可以通过物联网技术将家庭中的各种设备（灯光、空调、安全系统）连接起来，用户可以通过智能手机或语音助手远程控制这些设备，提高生活便利性。

随着物联网技术的发展，其应用领域也越来越广泛。在工业领域，物联网技术被用于优化生产流程、提高工作效率和减少故障时间。例如，通过安装传感器和连接设备，工厂可以实时监控生产线的运行情况，及时发现和解决问题。在农业领域，物联网技术可以帮助农民更精确地监控作物和土壤的状况，优化灌溉和施肥。

物联网不仅改变了人类的生产和生活方式，还为社会带来了新的挑战和机遇。随着越来越多的设备连接到互联网，数据安全和隐私保护成为重要的议题。此外，物联网技术的广泛应用也对网络带宽和数据处理能力提出了更高的要求。

数字技术的发展与成熟是数字经济产生的前提与基础。数字技术商业化运用过程也是数字经济的发展过程，如制造领域、管理领域和流通领域的数字化等；数字技术所带来的信息革命增强了人类脑力；数字化工具、数字化生产、数字化产品的出现减小了信息流动阻力，提升了经济主体间的匹配效率。总之，数字技术是数字经济产生发展的前提基础，为经济发展提供了新动能。

（三）数字经济的真正产生

数字技术的发展与数据扩展之间存在着一种深刻的互动关系，它们共同推动了经济形态的重大转变，催生了数字经济这一全新的领域。在这一过程中，数字技术的进步不仅增强了数据的功能，如提升数据处理能力、加快传输速度，也扩大了数据的规模和维度。反过来，这些日益增长的数据又促进了数字技术的创新和发展，使得数字技术在经济活动中的作用日益凸显。

通信技术的革命，特别是光纤通信和无线通信的发展，使得大量数据的即时传输成为可能，极大地提高了信息流通的效率。这种快速的数据流通为各种经济活动提供了强有力的支持，使得全球化的商业交易和合作更加顺畅。同时，互联网技术的成熟和普及使数据的获取变得前所未有地容易。大量的数据产生了对存储和处理的巨大需求，这反过来促进了大数据技术和云计算技术的发展。大数据技术使人们能够从庞大的数据集中提取有价值的信息，而云计算技术则提供了强大的计算能力和存储空间，使得数据的处理更加高效和便捷。

电子计算机的微型化和运算能力的提升，使得个人计算机和互联网得到广泛普及，从而拓展了数据的来源和类型。这些多样化的数据资源为经济活动提供了更加丰富的信息基础。这种数字技术与数据之间的互动，不仅促进了经济活动的数字化转型，还催生了新的商业模式和服务模式。个性化营销、远程办公、智能决策等应用，都是基于大数据和云计算技术的典型例子。这些新模式和应用大大提高了经济活动的效率。

数据作为一种新兴的生产要素，在数字经济时代给经济活动带来了深刻的影响，形成了数字经济的显著特征。数据中蕴含的丰富信息可以优化企业的决策过程，促进生产效率的提高和资源流转的加速。随着大数据的应用，企业能够更加精准地获取市场信息，进行有效的市场定位，从而提升企业的效益。同时，企业通过对市场数据的分析，能更好地理解竞争对手的动态，从而采取更有针对性的竞争策略，取得市场优势；数据能够揭示消费者的个性化需求，不仅刺激消费，还促使生产者进行更细化的分工，提升行业的进入壁垒。在数字经济时代，由于数据的聚集和分析，消费者的个性化需求得到了更好的识别和满足，这不仅释放了原本因个性化需求而受限的消费潜力，同时使得生产者在生产过程中更加细致地分工，提高了产品多样性和市场的竞争壁垒。数据增强了政府宏观调控的能力，在资源配置方面，政府需要准确、全面的市场信息来制定有效的政策。在传统经济中，政府在获取市场信息方面存在局限，而在数字经济时代，大量的数据为政府提供了更加全面和精准的市场信息，帮助政府及时发现并解决经济运行中的问题，更好地发挥政府在经济调控中的作用。

数据作为数字经济的核心要素，对企业的市场策略、消费者需求的满足以及政府的宏观调控都产生了深远的影响。随着技术的进步和数据量的增加，数据在经济活动中的作用将更加凸显，为经济的持续增长和发展提供新的动力。

（四）目前全球数字经济发展概况

随着ICT的迅猛发展，数字经济作为一种新兴的经济形态正逐渐成为全球经济中的一个重要组成部分。狭义上的数字经济主要指的是ICT部门，而从广义上来讲，它还包括了数字产业化和产业数字化两大方面。这种经济形态的发展已经成为推动全球经济增长的一个重要因素。

如今，数字经济新质生产力动能培育不断涌现，相关政策以促进数字产业化创新升级、加快产业数字化深度融合、完善数据要素市场建设等为主要特征。大力发展数字基础设施已成为各国激活新应用、拓展新业态、创造新模式的物质基础。中国信息通信研究院《全球数字经济白皮书（2023年）》显示，2022年，世界范围内测算的51个国家数字经济增加值规模为41.4万亿美元，同比名义增长7.4%，占GDP比重的46.1%。产业数字化持续成为数字经济发展的主引擎，占数字经济比重的85.3%。2022年，从规模看，美国数字经济规模蝉联世界第一，达17.2万亿美元，中国位居第二，规模为7.5万亿美元。从占比看，英国、德国、美国数字经济占GDP比重均超过65%。从增速看，沙特阿拉伯、挪威、俄罗斯数字经济增长速度位列全球前三位，增速均在20%以上。

数字经济的快速发展得益于信息通信技术的进步，尤其是互联网、大数据、云计算、人工智能等技术的广泛应用。这些技术的应用不仅推动了经济活动的数字化，还催生了新的商业模式和服务模式，如电子商务、在线教育、远程医疗等。政府的政策支持也是数字经济发展的一个重要因素。各国政府通过出台相关政策和措施，为数字经济的发展提供了良好的环境和条件。然而，数字经济的发展也带来了一系列的挑战，如数据安全、隐私保护、数字鸿沟等问题。这些问题需要全球范围内的合作与协调来解决。数字经济作为一种新兴的经济形态，在全球范围内发挥着越来越重要的作用。随着技术的不断进步和创新，以及各国政府的支持和推动，预计数字经济将继续成为推动全球经济增长的关键因素。同时，人们需要关注数字经济发展中的挑战和问题，以确保其健康、可持续的发展。

二、我国数字经济的发展

伴随着全球新一轮技术革命的浪潮，中国的数字经济正迎来蓬勃发展的新时期。

（一）概述

数字技术在经济领域的广泛应用，正在彻底改变传统产业的组织形式，重塑市场供需关系，孕育经济增长的新动力和新业态。这些变化不仅推动了消费市场的扩大，也加快了中国经济向数字化转型的步伐。随着信息通信技术（information and communications technology, ICT）、大数据、物联网、人工智能、区块链等前沿技术的日益成熟与广泛应用，中国正迈向一个全新的数字化时代。特别是移动通信技术的普及和发展，预示着未来数字技术将更加广泛地应用于商业、产业和企业运营等多个领域。数字技术在社会中的应用正变得越来越深入，其技术延展性的增强，正在推动数字经济生态系统的不断成熟和壮大。在这个过程中，新的商业模式、服务方式和产业形态不断涌现，为中国经济发展注入了新的活力。

2023年7月18日，由中国互联网协会主办的2023（第二十二届）中国互联网大会在北京开幕。中国互联网协会副理事长兼秘书长余晓晖在大会开幕式上发布了《中国互联网发展报告（2023）》。《中国互联网发展报告（2023）》显示，2022年以来，我国互联网行业深入贯彻党的二十大精神，坚决落实党中央、国务院重要决策部署，我国网络基础设施建设全球领先，数字技术创新能力持续提升，数据要素价值备受重视，网络法治建设逐步完善，网络文明建设稳步推进，网络综合治理体系更加健全，数据安全保护体系更趋完备，网络空间国际合作有所进展，数字中国建设取得显著成效。

同年8月28日，中国互联网络信息中心（CNNIC）在北京发布第52次《中国互联网络发展状况统计报告》（以下简称《报告》）。《报告》显示，截至2023年6月，我国网民规模达10.79亿人，较2022年12月增长1 109万人，互联网普及率达76.4%。在网络基础资源方面，截至2023年6月，我国域名总数为3 024万个；IPv6地址数量为68 055块/32，IPv6活跃用户数达7.67亿；互联网宽带接入端口数量达11.1亿个；光缆线路总长度达6 196万千米。在移动网络发展方面，截至6月，我国移动电话基站总数达1 129万个，其中累计建成开通5G基站293.7万个，占移动基站总数的26%；移动互联网累计流量达1 423亿GB，同比增长14.6%；移动互联网应用蓬勃发展，国内市场上监测到的活跃APP数量达260万款,进一步覆盖网民日常学习、工作、生活。在物联网发展方面,截至6月,三家基础电信企业发展蜂窝物联网终端用户21.23亿户,较2022年12月净增2.79亿户,占移动网终端连接数的比重为55.4%,万物互联基础不断夯实。

(二)我国信息通信技术的发展情况

在当今这个数字化时代,信息通信技术(ICT)是我国经济快速增长的重要动力。作为一个独立且日益壮大的产业,ICT不仅取得了显著进步,还推动了包括制造业、金融业和零售业在内的其他行业的数字化转型。

从传统的电子信息制造业、信息通信业、软件服务业、广播电视业到互联网行业,我国的ICT基础产业已经经历了一系列变革。根据中国信息通信研究院的研究,自2008年以来,尽管电子信息制造业的占比呈持续下降趋势,软件和互联网行业却实现了迅猛增长,其在ICT基础产业中的占比不断提升。这一趋势预示着未来信息通信技术将进一步向数字技术领域拓展。与此同时,新兴的ICT基础产业正在形成。云计算、手机应用与服务、移动互联网、数据分析与服务等成为当前热门的四大新兴基础产业。它们的发展不仅体现了技术创新的活力,也为数字经济的进一步发展奠定了坚实的基础。

我国ICT基础产业的发展主要朝着两个方向努力:一是推动宽带、移动网络等信息化基础设施建设和通信技术的发展,推动数字基础设施的普及,为数字经济的发展提供物质基础;二是推动ICT技术的拓展和升级,特别是物联网、移动互联网、大数据、云计算、人工智能等新兴技术的发展,使这些新兴技术应用于各领域。

近年来,信息通信技术在传统行业中的融合渗透正在加速,推动着制造业、金融业和零售业等行业的数字化转型。

在制造业领域,数字化转型已成为我国数字经济战略布局的重心。2016年,我国提出了"中国制造2025"规划,旨在推动ICT与传统制造业的深度融合。制造业数字化转型的核心在于形成以物联网为技术基础的智能化生态体系，包括智能感知处理、工业互联网和大数据服务平台等数字技术的应用，以推动制造业生产向更智能化、数字化、开放化的方向发展。我国的 ICT 基础产业不仅在国内有重要地位，也在全球数字经济的竞争中扮演着关键角色。通过持续的技术创新和应用推广，我国正在积极构建一个更为智能化、网络化和数据驱动的新型经济生态，以为未来的经济发展注入强劲动力。

信息通信技术（ICT）在金融业的数字化转型中扮演着双重角色，既推动供给端的创新，也激发需求端的活力。一方面，互联网技术、人工智能、大数据技术等数字技术正在不断地推动金融行业的创新变革，特别是在互联网支付领域，这些技术正在推动金融业向智能化方向发展。另一方面，大数据、云计算和互联网为金融业提供了大量的借贷信息，这些信息的流通降低了传统金融业务的门槛，如网络贷款和投资理财，从而激发了市场的活力，推动了普惠金融的发展。金融业的数字化转型不仅在本行业内发挥作用，还影响着其他行业的数字化转型，如电子商务等领域，促进了消费金融等新型业态的发展。

零售业作为最早开始数字化转型的行业之一，在过去的发展中经历了重大变革。如今，零售业不再局限于线上电子商务平台，而是构建了线上线下融合的新模式。通过场景、数据和资源的共享，零售业能更好地满足消费者的需求，为消费者提供多样化的用户体验和以需求为导向的服务。此外，线上零售业的快速发展还推动了物流行业的智能化发展，促进了物流行业的数字化转型。

以第五代移动通信技术（5G）为代表的新一代信息通信技术，已成为中国经济发展的重要推动力。5G 网络的建设也在不断迈向商业化，为各行业的数字化转型提供了强有力的支撑。5G 在系统性能方面相比以往的移动通信技术有了显著提升，能够提供更高的带宽、更低的时延和更密集的连接。这些技术特性不仅为用户提供了更好的体验，还为物联网设备的广泛接入和未来业务流量的增长提供了条件。未来，5G 将通过与云计算、人工智能、虚拟现实、增强现实等技术的深度融合，成为连接人与万物的基础设施，为各行业的数字化转型提供支持。

国际电信联盟（International Telecommunication Union, ITU）定义了 5G 的三个主要应用场景：增强型移动宽带（eMBB）、大规模机器类型通信（mMTC）和超可靠低时延通信（uRLLC）。5G 以其高速、低时延和高可靠性的特点，在不同的应用场景中发挥着关键作用。在增强型移动宽带应用中，5G 提供了更高的体验速率和更强的带宽接入能力；在大规模机器类型通信应用中，5G 支持大量低成本、低能耗的物联网设备高效接入和管理；在超可靠低时延通信应用中，5G 满足了车联网、应急通信、工业互联网等垂直行业对时延和可靠性的高要求，并支持高度实时、精确和安全的业务协作。5G 的基本特性使其成为推动新一代信息技术和数字经济发展的重要基础。它不仅促进了传统领域的数字化、网络化和智能化升级，还提升了国家的核心竞争力，实现了万物互联和人机交互。5G 的商业化应用将引发我国新一轮的投资热潮，孕育新兴信息产品和服务，重塑我国传统产业的发展模式，促进我国经济社会发展。5G 的应用将促进社会数字化投资和 ICT 资本的深化，增强市场活力，提高数字消费供给水平，提升我国在国际市场的竞争力，从而带动国内经济快速发展。

中国信息通信研究院发布的《5G 经济社会影响白皮书》显示，到 2030 年，在直接贡献方面，5G 将带动的总产出、经济增加值、就业机会分别为 6.3 万亿元、2.9 万亿元和 800 万个；在间接贡献方面，分别为 10.6 万亿元、3.6 万亿元和 1 150 万个。

目前，5G 正处于标准制定阶段，我国也在积极制定相关政策，推动 5G 的研发和产业化。未来，5G 作为网络基础设施，将与传统基础设施结合，为数字经济的发展创造新的生态环境。

(三)我国数字技术的发展情况

随着庞大且日益成熟的数据生态系统的发展，数字技术的应用正逐渐走向成熟。

大数据作为数字技术发展取得的成果，在数字技术广泛应用于社会各领域的背景下，随着互联网、物联网等平台的建设，以及全球数据量的增长，对经济社会发展和社会治理产生了深远的影响。在数字经济时代，大数据已经成为一种新型的生产要素，虽然其对传统经济体系产生了冲击，但作为信息社会的关键战略资源，大数据通过降低数据流通成本和提高数据共享性，有效推动了实体经济的数据化处理，对推进中国的大数据战略、加速数字中国的构建发挥了关键作用。在数字经济时代，大数据的应用主要体现在通过信息流驱动技术流、资金流、人才流，不断释放数字红利。大数据技术与实体经济的结合，推动了制造业的智能化、农业的数字化和服务业的新型化，同时促进了科学决策和社会治理体系的建立，创新了政府管理模式，实现了决策的合理化、治理的精准化和服务的高效化。中国的大数据发展迅速，这一方面得益于数字技术生态的构建，包括5G、人工智能、区块链等技术的支撑，提升了大数据的处理能力，加速了大数据与实体经济的深度融合，如ICT产业的持续扩展，增强了ICT企业的市场竞争力；另一方面，得益于基础设施建设的不断完善，包括互联网数据中心（Internet Data Center, IDC）、内容分发网络（content delivery network, CDN）和工业互联网基础设施等，各地数据交易平台的投入应用推动了数据流通机制的改进，这些基础设施的建设极大地促进了大数据技术在实体产业中的应用和渗透。同时，企业紧跟信息技术发展步伐，提高了自身的信息化水平和数据应用能力，加速了社会数字化转型的步伐；政府持续优化政策环境，为大数据与实体经济融合提供了政策支持和保障。

物联网作为数字技术发展的产物，近年来在我国表现出强劲的发展趋势。随着我国物联网数据规模的不断增长和行业生态系统的日益完善，我国的物联网终端用户日益增多。这得益于我国庞大的市场规模和相关产业的发展。未来，物联网在我国的应用范围将持续扩大，推动产业技术的新一轮变革。物联网的核心部件是半导体芯片，随着技术的不断进步，社会对其需求呈现持续增长的态势。在科学计算方面，物联网微控制器正在向高性能、低功耗、高集成度方向发展；在传感器方面，物联网正推动传感器向更加小型化、智能化、低功耗的方向演变。此外，人工智能的进步和5G网络基础设施的建设及应用，以及政府在网络基础设施建设方面的积极部署，为我国物联网发展提供了有力支撑。未来，我国将进一步完善物联网领域的部署，并逐渐将物联网应用到更多场景中。

区块链技术在新技术革命和产业变革中扮演着重要角色，未来应将区块链技术视为自主创新的核心技术，并明确发展方向，加大研究投入，努力攻克一系列核心技术，加速推动区块链技术及其产业的创新发展。中国在区块链领域拥有良好的发展基础，区块链技术的发展有助于推动实体经济的进步。目前，区块链技术已逐步应用于数字金融、物联网、智能制造等多个领域，并与人工智能、大数据技术、物联网技术等数字技术深度融合，这有助于实现数据的开放共享。数据的开放共享有助于解决中小企业融资难题。同时，区块链技术在教育、就业、养老、精准扶贫、医疗健康等民生领域的应用不断深入。区块链技术还促进了智慧城市的建设，提高了政务管理水平，实现了政府部门数据的跨部门开放利用，提升了办事效率和决策质量，简化了政务流程。区块链技术在经济领域的应用，为企业构建了一个高效便捷、公平竞争、稳定透明的商业环境，为供给侧结构性改革、行业数据开放共享、传统经济数字化转型和经济高质量发展提供了重要支撑。区块链技术本质上是一种去中心化、去信任化的技术，用于集体维护一个可靠的数据库，确保了数据传输的真实性和保密性。它在数字货币、供应链金融、跨境支付等金融领域得到了应用，并正在扩展到实体经济领域，对数据共享、中小企业快速发展起到了促进作用。

第二章 数字经济背景下企业营销环境分析

第一节　企业营销概述

一、营销

营销是一种艺术和科学，涉及识别和满足人们的需求。它不仅仅是推销产品，更是通过策略和创意沟通，使品牌与顾客之间建立联系，实现价值交换。

(一)营销的定义

营销是一个复杂而多维的概念，涵盖一系列活动，旨在推广和销售产品或服务，同时与消费者建立持久联系。营销不仅仅涉及销售，更涉及了解市场需求、塑造品牌形象、构建客户关系以及开发新的市场。

营销的核心在于市场研究。了解和预测消费者的需求和偏好是营销策略制定的基础。这通常通过市场调查、消费者行为分析以及竞争对手研究来实现。通过收集和分析数据，营销人员能够识别目标市场、定位产品，并制定相应的营销策略。

产品策略是营销的重要组成部分。产品策略涉及决定产品的设计、功能、质量以及与产品相关的服务。成功的产品策略应当满足消费者的需求，并与企业的品牌形象和市场定位相一致。

价格策略在营销中也很重要。定价不仅仅是成本加利润的简单计算，还需要考虑市场竞争、目标顾客的支付能力、产品的定位以及市场需求等因素。有效的价格策略可以吸引目标顾客，同时获得利润。

推广策略则涉及如何传达产品信息给目标消费者，其包括广告、公关、促销活动、社交媒体营销等多种形式。有效的推广活动应当能够提升产品的知名度，建立良好的品牌形象，并促使消费者采取购买行动。

分销策略关注如何将产品送到消费者手中。这包括选择合适的销售渠道、做好物流管理和供应链管理。随着电子商务的发展，线上销售渠道变得越来越重要，但传统的线下渠道，如零售店铺和经销商，仍然在某些市场中发挥着重要作用。

随着互联网和数字技术的发展，数字营销成了不可或缺的一部分。数字营销利用电子邮件、搜索引擎优化、内容营销、社交媒体等工具，来吸引目标受众。这种营销方式的优势在于可以精确地定位目标市场，并获取消费者行为的即时反馈信息。

（二）营销的特点

营销是企业成功的关键，其核心在于理解和满足顾客需求，同时实现企业利润最大化，使企业适应市场的变化。具体来说，其特点如下。

1.顾客导向性

顾客导向的营销理念，是现代营销的核心和灵魂。这种理念的关键在于深入理解顾客的需求、偏好和行为，将这些作为所有营销决策的基础。在这种理念下，企业的每一步行动都是为了满足顾客的需求，提升他们的满意度和忠诚度。顾客导向意味着将顾客放在企业决策的中心。这不仅仅是销售产品或服务，更要理解顾客的深层需求和解决他们的问题。企业通过持续的市场研究，收集关于顾客行为、偏好和反馈的数据，这些数据可以帮助企业更好地理解市场动态和顾客需求，从而指导产品开发、服务改进和营销策略的制定。顾客导向的营销强调建立和维护长期的顾客关系。这种关系不仅基于交易，更基于信任和价值的交换。企业通过提供优质的顾客服务、创造良好的购买体验和建立情感联系，以提升顾客的忠诚度。例如，通过个性化的营销活动和定制化的产品来满足顾客的独特需求，或者通过有效的顾客关系管理来持续改善顾客体验。顾客导向还体现在对顾客价值观的关注上。随着消费者的社会责任感日

第二章　数字经济背景下企业营销环境分析

益提升，企业需要确保其产品和营销策略与其价值观相契合。这不仅有助于提升品牌形象，还能够加深顾客与品牌之间的联系。

2. 交换性

交换性是营销的基本特点之一，它体现了营销活动的本质。在这个过程中，企业提供的产品或服务与顾客所给予的价值（通常是金钱）发生交换。这种交换的核心在于双方均能从中获得所期望的价值，即企业获得收益，顾客获得满足其需求或欲望的产品或服务。交换性不再局限于物质产品的买卖，在现代营销中，服务、信息、体验本身也成了交换的对象。在数字时代，信息也成为一种重要的交换货币，企业通过提供有价值的信息来吸引顾客；反过来，顾客通过分享个人信息来获取定制化的服务或优惠。体验营销是交换性的另一个重要方面。在这种情况下，顾客所追求的不仅是产品或服务本身，更是与之相关的独特体验和情感满足。企业通过创造独特、个性化的体验来吸引顾客，如主题公园、精品咖啡店或高端零售店所提供的不仅仅是产品，更是一种特定的购物体验和生活方式。交换性还体现在企业与顾客之间的互动和关系上。在顾客参与度高的行业中，顾客的反馈和参与常常被视为产品开发和创新的重要资源。在这里，顾客的观点和建议成了一种有价值的"货币"，在产品开发和市场策略的制定中占有重要地位。在交换性的框架下，价格成了衡量交换价值的重要因素。价格不仅仅代表货币的数额，更是顾客对产品或服务价值的一种评估。因此，定价策略成为营销的关键，其制定需要充分考虑市场条件、顾客的支付意愿、竞争对手的策略以及产品的定位。

3. 利润导向性

利润导向性是营销的核心特点之一，强调的是通过有效的营销策略来实现企业的财务目标。虽然顾客满意度是营销的重要组成部分，但营销的最终目标是推动企业的利润增长和市场份额的扩大。这种导向性体现在企业如何通过各种营销手段来增加销售量、提高产品或服务的市场接受度，并最终转化为盈利。营销团队在设计广告活动、促销策略、产品包装和定价策略时，都会考虑这些活动如何影响企业的收益。营销的利润导向性并不意味着忽视顾客需求和满意度，相反，它使企业认识到了只有真正满足顾客需求的产品和服务才能在市场上获得成功。因此，企业在追求利润的同时，会注重产品质量、服务水平的提升。这直接影响顾客的购买决策和品牌忠诚度，进而影响企业的长期盈利能力。利润导向性的特点还意味着企业在营销策略中会考虑成本效益。这包括评估营销活动的投入产出比、优化营销预算分配，以及通过市场细分和目标定位来提高营销活动的效率和效果。在追求利润的过程中，企业也需要考虑到品牌建设和市场份额的增加。强大的品牌和稳定的市场地位能为企业带来持续的收益。因此，即使某些营销活动的直接盈利效果不明显，如果它们能够有效提升品牌价值或增加市场份额，也会被视为提升企业盈利能力的有利因素。

4.市场性

市场性是营销的核心特点之一，强调营销活动必须紧密结合市场环境、顾客需求和市场趋势进行。这意味着营销策略不是在孤立中制定的，而是要在深入了解和适应不断变化的市场条件的基础上制定。市场性要求企业对目标市场有深刻的理解，包括市场的规模、结构、发展阶段和潜在的增长点。这种理解使企业能够精准地定位自己的产品或服务，找到最合适的顾客群体。例如，一个针对年轻人的时尚品牌需要理解年轻人的独特需求和偏好，以及他们在社交媒体和在线购物等方面的行为特征。市场性还涉及对竞争环境的分析。了解竞争对手的策略、优势和弱点可以帮助企业制定出区别于对手的营销策略，创造独特的卖点。此外，监测行业内的趋势和变化对预测未来的市场动态，抓住新的商业机会至关重要。基于市场性的特点，营销策略也需要灵活多变。市场条件的变化，如消费者行为的变迁、新技术的出现、经济环境的波动，都可能影响营销策略的有效性。因此，企业需要持续监测市场，以便快速响应并调整营销策略。

第二章 数字经济背景下企业营销环境分析

5. 规划性

规划性是营销的重要特点之一，它强调制定既符合当前市场需求又贴合企业长期发展目标的营销策略。这种特点要求企业作出的营销决策具备前瞻性，以确保营销活动既能应对当前市场的挑战，又能顺应企业的长远愿景。

对于长期战略规划，企业需深思熟虑如何塑造和维持品牌形象，如何在竞争激烈的市场中持续发展，以及如何应对未来市场的变化。长期规划通常包括品牌战略、市场定位、产品线的发展以及市场拓展计划等方面，这些都是基于对市场动态、消费者需求和竞争环境的细致分析而制定的，目的是保证企业在市场上的持续竞争力。短期战略规划则集中于具体的营销操作和策略，如促销、广告宣传、市场研究以及客户关系管理等。这些短期规划旨在实现现阶段的市场目标，如提升销量、市场占有率以及产品在市场上的知名度。这类活动要求企业能够迅速反应，灵活调整，以适应市场即时的变化和消费者的快速变动。

有效的营销规划要求企业在长短期规划中找到恰当的平衡点。长期规划提供战略方向和发展框架，短期规划则确保企业及时应对市场变化，抓住眼前的商机。同时，短期的活动设计和执行需要与长期目标保持一致，确保短期规划能够支持并强化长期规划。

（三）营销的基本方式

产品营销作为一种直接营销方式，集中展示产品本身的特性、优势和用途，以此来吸引和留住顾客。这种营销方式的关键在于彰显产品如何满足消费者的需求或解决他们的问题，以及它为什么比市场上的其他竞争产品更优越。在产品营销中，产品的质量至关重要。高质量的产品能够提升顾客的满意度，增强品牌信誉，从而使企业在竞争激烈的市场中获得优势。企业通过强调其产品的耐用性、性能、安全性和可靠性等质量特点，来吸引对高标准产品有需求的顾客。设计是产品营销中的一个关键因素。一个吸引人的设计不仅能够吸引顾客，还能够传达品牌的价值观和个性。无论时尚、实用、简约还是豪华，都是产品传递其卖点和建立品牌形象的方式之一。产品营销的成功在于能够全面地展示产品的质量、功能和价格优势，并确保这些方面与目标市场的需求和期望相匹配。通过有效地传递这些信息，企业可以吸引更多的顾客，提升顾客的品牌忠诚度，从而在市场中占据一席之地。

价格营销是一种以价格策略为核心的营销方式，其主要目的是利用价格的吸引力来促进产品的销售和增加市场份额。促销打折是价格营销中常见的一种手段。通过限时折扣、季节性降价或特殊节日促销，企业可以迅速吸引顾客的注意，刺激其作出购买决策。这种策略在零售行业中非常有效，能够在短时间内显著提升销售量。捆绑销售则是另一种流行的价格营销策略。通过将几个产品捆绑在一起以优惠价格出售，企业不仅能够提高单次交易的价值，还能够使顾客尝试新产品或购买更多的产品。这种方法通常用于相关产品的销售，如电子产品及其配件。提供高性价比的产品也是价格营销的一个重要方面。在这个策略下，企业通过提供质量上乘且价格合理的产品来吸引那些寻求高价值商品的消费者。这种策略不仅能够吸引对价格敏感的顾客，还能够帮助企业提升市场竞争优势。价格营销的成功在很大程度上取决于对市场和消费者行为的深入了解。企业需要了解顾客对价格变化的敏感度，以及不同价格对销量和利润的影响。此外，合适的定价策略还需要考虑到竞争对手的定价、产品的定位和品牌形象。

促销营销是一种多元化的营销方式，它利用各种促销活动来提升产品知名度、刺激销售并塑造强大的品牌形象。这种策略的核心在于通过直接和间接的方式吸引消费者，激发他们的购买兴趣，并最终促进销售数额增加。广告是促销营销的重要组成部分，它通过各种媒介，如电视、广播、互联网、社交媒体、户外广告等，向大众传递产品信息和品牌价值。广告的目的在于创造一个吸引人的品牌形象，让消费者对产品产生认知和兴趣。有效的广告策略能够使品牌在消费者心中留下深刻印象，从而促进其对品牌的认可，提升其对品牌的忠诚度。个人销售则是促销营销的一种直接形式，它涉及销售人员直接与潜在顾客接触，介绍产品，解答疑问，并促成交易。这种方法尤其适用于需要个性化解释或演示的复杂产品，如汽车、房地产和高端电子产品。

数字营销利用数字技术和互联网平台来达到营销目标。在数字化时代，随着人们日常生活和互联网的深度融合，数字营销已成为连接企业和消费者的重要桥梁。它通过各种在线渠道，如搜索引擎、社交媒体、电子邮件和移动应用程序来推广产品和服务。数字营销的一个主要优势是其针对性强和具有可度量性。企业可以通过数据分析来了解消费者的行为和偏好，从而制定更加精准的营销策略。此外，数字营销也为企业提供了与顾客直接交流的渠道，这有助于企业与顾客建立更加紧密的关系，有助于企业及时收集顾客建议来优化营销活动。

二、企业营销

企业营销涉及对市场趋势的敏锐洞察、对顾客需求的深入理解以及对竞争环境的精准把握。在这个过程中，企业要推广其产品和服务，还要有效地传达其品牌价值和理念，与目标顾客建立情感联系。通过这样的策略，企业能够在激烈的市场竞争中吸引并保留忠实的顾客，进而实现持续发展。

（一）企业营销简介

企业营销也被称为 B2B 营销（business-to-business marketing），是指企业之间进行的市场交易活动，其中一个企业将其产品或服务销售给另一个企业，用于后者的业务运作或再次销售。

这种营销形式与传统的面向消费者的 B2C（business-to-consumer）营销有显著区别，主要体现在其目标市场的专业性、决策过程的复杂性和长期商业关系的重要性。

在企业营销中，市场定位通常更加集中和专业化，目标客户群体是有特定需求的企业。相较 B2C 市场，B2B 市场的决策过程更为复杂，通常涉及多个部门和决策者，且决策周期较长。此外，产品和服务在企业营销中通常更加复杂，需要企业具备专业知识和提供定制化服务。

在策略上，企业营销强调市场研究的重要性，要求企业深入了解目标市场的需求、购买行为和行业趋势。品牌建设在企业营销中同样重要，强化企业品牌形象和行业内的信誉至关重要。客户关系管理也是企业营销中的一个关键环节，它涉及维护现有客户关系和寻找新的商业机会。内容营销，如提供行业报告、白皮书或研究案例，也是吸引潜在客户的有效手段。

随着社会的发展，企业营销策略不断发展和变化，它要求企业不断适应新的挑战和机遇，采取有效的营销策略，以保持较强的竞争力。

（二）企业营销的重点

在企业营销中，客户关系的管理和维护是至关重要的。由于企业间的交易通常涉及较大的金额，加上企业间往往长期合作，因此，建立信任和维护长期稳定的客户关系成为关键。这种关系的建立和维护不仅仅体现在初次销售的过程中，还是一个涵盖持续的客户支持和服务的过程。建立信任从第一次接触开始，就应将重点放在理解客户的需求和挑战上。在这个阶段，良好的沟通和专业知识的展示是非常重要的。企业需要通过深入的交流来展现其对客户行业的理解，以及提供能够有效解决客户问题的方案。这种理解和专业能力的展示是建立信任的基石，能帮助客户认识到企业是一个可靠和有价值的合作伙伴。在初次销售之后，关系的维护变得同样重要。这涉及持续的沟通和支持。持续的沟通不仅是对已完成交易的跟进，更是对客户未来需求的预测。通过定期的会议、业务回顾和行业动态分享，企业可以保持与客户的紧密联系，同时展示其对行业趋势的敏锐洞察力。为更有效地管理客户关系，许多企业会应用客户关系管理系统。该系统不仅能帮助企业更好地管理客户信息，还能分析客户信息，帮助企业更好地理解客户的行为和需求，从而提供更加个性化的服务。

第二章　数字经济背景下企业营销环境分析

了解客户需求是企业营销的核心环节，尤其在 B2B 领域，其不仅关乎产品的销售，更是构建长期合作关系的基础。深入理解目标客户的业务需求要求企业深挖客户的实际问题和潜在问题。通过这种深入的分析，企业能够设计出真正符合客户需求的问题解决方案，该方案不仅能解决客户当前的问题，还能预见并应对未来可能出现的挑战。有效的需求理解还意味着企业能够把握客户的业务周期和市场动态，从而在正确的时间以最合适的方式提供支持。这种精准的需求把握和问题解决方案的提供，不仅加深了客户的信任，也提高了企业的市场竞争力。因此，了解客户需求并非一次性的任务，而是一个持续的、动态的过程，它要求企业不断地与客户互动，持续收集和分析数据，以确保随着市场和客户需求的变化，能够及时优化服务。

在营销信息的传递中，重点应当放在如何通过提供的问题解决方案来提高客户的业务效率、降低运营成本或增加收入。这种问题解决方案的制订要基于深入的市场和客户洞察，以满足客户的需求。为了制订有效的问题解决方案，企业要结合专业知识。专业知识的展现不仅体现在产品的技术优势上，更在于对行业趋势的洞察以及对市场动态的掌握。

在当今的企业营销环境中，数据驱动的决策成了核心竞争力。企业利用市场数据和客户需求来制定营销策略，能够更好地理解市场趋势、客户行为和竞争环境。数据分析不仅可以帮助企业识别目标顾客的需求和偏好，还能够预测未来的市场变化，从而作出更精准的营销决策。在一个数据驱动的世界中，这种方法使企业能够更好地定位其产品和服务，确保营销活动与市场需求和客户期望保持一致。有效的沟通策略也是企业成功营销的关键。由于 B2B 决策过程的复杂性，企业需要确保其信息传达清晰、准确，且能够满足不同决策层级的需求。这不仅包括选择适当的沟通频率，还包括使用最合适的沟通渠道，如面对面会议、电子邮件、社交媒体等。有效的沟通策略能够加强企业与客户之间的联系，确保信息的一致性和连续性，从而建立长期、稳定的客户关系。技术的运用在现代企业营销中起着至关重要的作用。利用最新的技术，如客户关系管理系统、自动化营销工具和社交媒体，企业能够优化营销活动并提高其效率。客户关系管理系统提供了平台来管理客户信息和交互记录，帮助企业更好地理解客户需求并提供个性化服务。自动化营销工具可以简化营销流程，提高营销活动的效率。社交媒体则提供了与目标客户群直接互动的平台，提升了品牌的知名度和市场参与度。

（三）企业营销的现实意义

企业营销的首要任务是确定其产品或服务的目标市场和客户。通过细分市场，企业可以识别不同的消费群体，了解他们的具体需求和偏好。这种精准的市场定位使企业能够开发出更加符合目标客户需求的产品和服务，从而提升客户的满意度和忠诚度。市场定位的成功依赖对市场的正确细分和准确选择。

企业营销促进了企业之间的产品和服务交易，有助于单个企业的收入增加，也是经济繁荣发展的重要驱动力。B2B交易通常涉及大额的交易和长期的合作关系，会对经济活动产生正面影响。企业营销常常涉及新技术的推广和应用，这促进了技术的传播和创新。企业通过营销活动了解市场的最新需求和趋势，进而推动产品和服务的创新，以满足这些需求。

通过精确的市场定位和有效的沟通策略，企业能够更有效地识别和满足目标客户的需求，同时减少市场信息的不对称性。成功的营销策略不仅有助于企业在激烈的市场竞争中脱颖而出，还能提高整个市场的运作效率和客户的满意度。

企业营销在推动全球商业交流和企业合作方面发挥了重要作用。随着经济全球化的不断深入，企业不但将目光投向本国市场，而且通过跨国营销活动积极进入新市场，这不仅拓展了企业的业务范围，也促进了不同国家间、不同地区间的商业交流。在这个过程中，现代企业营销不仅关注经济利益，还重视企业的社会责任和可持续发展。这种转变反映了企业对社会价值的重视以及对长远发展的考虑。跨国营销活动允许企业利用全球资源，对产品和服务进行本地化调整，以满足不同地区消费者的需求。通过这种方式，企业不仅能够在新市场中获得成功，还能加深对不同文化的理解。这种文化交流和适应不仅提升了企业的国际形象，也促进了全球消费者间的理解。

在经济全球化的今天，企业营销不再限于推广产品和提供服务，还是企业展示其社会责任感和可持续发展承诺的重要手段。通过营销活动来体现对社会的贡献，企业不仅可以提升自身品牌形象，还能提升消费者的品牌忠诚度。例如，越来越多的企业在其营销中强调环保理念和对可持续资源的使用，这不仅展示了企业的社会责任感，也响应了消费者对环保和可持续发展越来越高的期待。这种营销活动不仅有助于建立企业的正面形象，还能使企业获得消费者和其他利益相关者的信任和支持。

三、企业营销的机遇和挑战

在快速变化的商业环境中，企业营销面临着前所未有的机遇与挑战。

（一）企业营销的机遇

在快速变化的商业世界中，企业营销正面临前所未有的机遇。从数字化转型到全球市场的扩展，再到客户体验的优化，这些变革为企业开辟了新的发展路径和创新领域。

在数字经济时代，企业营销正在经历一场前所未有的转型。这一转型不仅仅体现在技术的使用方面，更涉及如何在数字世界中实施营销策略。例如，社交媒体营销已成为企业与目标客户建立联系的关键方式。通过社交媒体，企业能够直接与消费者进行互动，分享品牌故事，并参与到消费者的日常生活中。又如，内容营销是通过创造和分享有价值、吸引人的内容来吸引和留住目标客户的策略。通过高质量的博客文章、视频等，企业能够展示自身具备的专业知识，解决客户问题，提升声誉。

互联网和经济全球化的不断发展重新塑造了企业的市场策略和商业前景，特别是在将业务扩展到国际市场方面。随着互联网的普及，市场越来越没有边界。企业不再受限于地理位置，能够轻松接触到远在他国的客户。这种无边界的市场访问能力使得企业能够更快速地扩展其业务范围，接触到更多的潜在客户。通过互联网，小型企业甚至可以与大型跨国企业竞争，因为其能够利用数字平台以较低的成本接触到全球客户。经济全球化也促进了多元文化的交流和融合，为企业提供了深入了解不同市场的机会。这不仅有助于企业更好地定位其产品和服务，适应不同地区的消费者，还能够帮助企业制定有效的市场进入策略。经济全球化还意味着有更多的合作机会，本国企业可以与其他国家的企业建立伙伴关系，共享资源，共同开发新产品，共同进入新市场。在数字化和经济全球化的背景下，企业的国际营销策略也需要相应调整。这包括使用多语言的营销内容、考虑不同地区的搜索引擎优化策略等。同时，企业要使用国际电子商务平台，与当地分销伙伴建立合作关系。

随着市场竞争的加剧和消费者期望的提高，仅仅提供高质量的产品或服务已不足以企业保持竞争优势。现代营销越来越侧重创造和提供好的客户体验，这种体验涉及客户与品牌互动的每一个环节，即从认知、购买到使用和反馈的全过程。优化客户服务是为客户提供良好体验的关键。这意味着企业不仅要在产品质量上下功夫，更要在服务过程中体现出对客户的关怀和尊重。快速响应客户的咨询和投诉，提供有效的解决方案，以及确保服务质量，都是优化客户服务的重要方面。在此过程中，企业可以通过各种渠道（电话、邮件、社交媒体、在线聊天等）与客户互动，确保无论在任何平台上，客户都能获得优质体验。个性化的营销信息是提升客户体验的另一个重要方面。在信息泛滥的时代，定制化的、相关的营销内容比广告更能吸引消费者的注意。通过分析客户的购买历史、偏好和行为模式，企业可以创建个性化的营销信息，如定制的电子邮件、个性化的产品推荐等，这不仅提高了营销效率，也提升了客户的忠诚度。

(二)企业营销的挑战

企业营销在当前的商业环境中面临着多重挑战。随着市场竞争的加剧、消费者行为的变化和技术的快速发展，企业在营销方面需要不断创新营销策略，以保持较强的竞争力。

市场竞争的激烈加大了企业的压力。为了在市场竞争中脱颖而出，企业都需要找到独特的方式吸引目标客户。这不仅需要企业有强大的产品和高水平的服务，还要有正确的市场定位和有效的差异化策略。

消费者行为的变化也为企业营销带来了挑战。随着数字媒体的普及和消费者信息获取方式的多样化，企业迫切需要解决消费者流失的问题。消费者现在更加注重品牌的价值观、社会责任和客户体验。因此，企业需要更加关注与消费者的互动，以及如何通过营销传达其品牌故事和价值观。

技术的快速发展既为企业发展提供了机会，也带来了挑战。虽然新技术（大数据技术、人工智能等）为企业提供了更多的营销工具和渠道，但要求企业必须持续学习和适应这些技术的变化。此外，对于许多企业来说，如何将这些新技术融入其现有的营销策略也是一个不小的挑战。

经济全球化虽然为企业提供了进入新市场的机会，但也意味着企业要适应不同国家和文化的市场需求。这需要企业不仅了解不同市场的法律法规，还要对不同文化背景的消费者行为有深入的理解。

企业也面临着维护和提升品牌信誉的挑战。在社交媒体和在线评论日益重要的今天，企业需要及时解决任何可能对品牌产生负面影响的问题。

四、企业营销的关键理论体系

(一) STP 理论

STP 理论中的 S、T、P 分别是 segmenting、targeting、positioning 三个英文单词的缩写，即市场细分、目标市场和市场定位的意思。该理论是美国营销学家温德尔·史密斯(Wendell Smith)于1956年提出的。之后，现代营销学之父菲利普·科特勒（Philip Kotler）进一步发展和完善了温德尔·史密斯的理论。

1. 市场细分

企业营销的成功在很大程度上取决于企业对目标市场的理解和产品或服务的有效定位。市场细分作为一种战略方法，能够帮助企业在复杂多样的市场环境中识别有潜力的客户。通过对市场的细分，企业可以更精准地定位其产品和服务，满足客户的需求，从而在竞争激烈的市场中取得优势。

市场细分的基本思想是将广泛的市场拆分为更小、特征更鲜明的子市场。这些子市场根据客户的需求、偏好和购买行为而有所区别。企业可以根据自身的战略目标和产品特性，从这些子市场中选择符合自己目标和能力的市场进入。

一旦确定了目标市场，企业就需要进行有效的市场定位。这要求企业向目标客户传达其产品或服务的独特价值和优势。营销活动包括广告、促销、公关和销售策略，其都应围绕市场定位展开，确保目标客户能够清晰地理解并认同企业的价值观。

具体来说，市场细分有以下常用方法。

地理因素市场细分法是一种，它根据客户所在的地理位置进行市场划分。例如，一个IT服务公司可能会根据国家或地区的不同需求和特点，设置不同的管理机构来负责不同国家或地区的市场活动。

消费行为市场细分法侧重客户的购买和使用行为。在IT行业，这可以体现为将市场分为面向企业的B2B市场和面向消费者的B2C市场。企业可以根据这一细分提供不同类型的产品和服务，如为企业提供ERP系统，为个人提供家庭理财管理系统。

人文因素市场细分法考虑的是客户的社会和文化特征。例如，基于客户的职业、年龄或生活方式，IT公司可能会开发不同的产品线，如面向学生的学习辅助设备、面向商务人士的办公设备。

利益因素市场细分法更加注重客户的需求和他们通过满足这些需求获得的利益。例如，一个 IT 公司可能会识别那些急需数字化解决方案以提升效率和价值的行业，如金融、教育或医疗行业，然后为这些行业定制特定的产品和服务。

无论采用哪种市场细分法，关键在于准确理解目标客户的特征和需求，并据此制定相应的营销策略。这可能包括产品设计、定价策略、促销活动和分销渠道的调整。成功的市场细分不仅能够帮助企业更有效地吸引目标客户，还能增强市场竞争力，提升品牌形象，并最终带来更多的市场份额和更强的盈利能力。

2. 目标市场

目标市场的选择是企业制定营销策略的关键环节，它涉及评估不同市场细分的吸引力，并基于此选择服务的特定客户。企业可根据多种因素，如地理区域、消费行为、人文特征及客户的利益需求，来确定其目标市场。例如，考虑到不同地理区域中消费者的经济水平和购买能力可能存在差异。

通过精准的目标市场定位，企业能够更有效地分配营销资源，提高营销活动的针对性和效果。这不仅有助于提高企业的市场竞争力，也能够增强客户的忠诚度和满意度。

3. 市场定位

市场定位是指企业针对选定的目标市场，为其提供特定服务，以满足市场需求。在 IT 服务领域，市场细分是确定服务范围的重要步骤，而市场定位则是将这些服务精确地投放到已经确定的目标市场中。市场定位不仅要明确产品或服务，还包括价格策略的制定、分销渠道的选择和促销活动的开展，旨在确保目标客户认可企业提供的产品或服务。

在实施市场定位策略时，IT 企业需要认识到，目标市场是不断变化的。随着技术的发展和市场需求的变化，原有的市场可能发生变化。因此，企业在制定市场定位策略时，需要有一套灵活多变的计划，以适应市场的动态变化。这意味着企业不能仅聚焦现有的市场，还应不断探索和开发新的市场。在进行市场定位时，IT 企业可以考虑如何通过产品创新、服务优化或技术升级来满足目标客户的新需求。同时，企业需要考虑如何通过不同的营销策略来吸引目标客户。这可能包括在线营销、社交媒体互动、参与行业展会或举办研讨会等方式。

总之，市场定位在企业营销战略中占据重要地位，它要求企业对市场变化保持敏感，及时调整和优化其市场定位策略。这样做，不仅有助于企业在现有市场中保持竞争力，还能够帮助企业抓住进入新市场的机会，实现可持续发展。

（二）4P 理论

4P 理论被归结为四个基本策略的组合，即产品（product）、价格（price）、推广（promotion）、渠道（place）。

产品（product）。市场营销的起始点是产品，一个企业最重要的东西和核心竞争力也一定是产品。产品可以是有形的商品，也可以是无形的服务或者技术、知识等。产品之所以能够被人们使用和消费，是因为它满足了人们的某种需求。一个企业的营销负责人在策划一个产品的时候，需要考虑到这个产品满足了什么需求、卖给谁、有什么功能、与竞争对手的产品有什么差异，有时候还要思考是做单品还是做组合产品。

价格（price）。这是指顾客在购买产品时的价格，包括折扣、支付期限等。价格的制定方法有很多，包括竞争比较法、成本加成法、目标利润法、市场空隙法，其目标是使产品成为可交换的商品。企业以盈利为目标，所以定价要具有兼顾销售效率和企业效益的双重考虑。影响定价的主要因素有三个：需求、成本、竞争。在整个定价体系中，最高价格取决于市场需求，最低价格取决于这个产品的成本。在最高价格和最低价格的这个区间，企业能把产品的价格定到多高也取决于竞争对手同类型产品的价格。

推广(promotion)。很多人将 promotion 狭义地理解为"促销",这其实是片面的。promotion 应当是包括品牌宣传(广告)、公关、促销等一系列的营销行为。在如今这个移动互联网时代,推广和传播的方式也发生了巨大的变化,从过去的电视广告、户外广告等传播方式逐渐变为了多媒体推广,跟着客户的走向去推广。客户可能在玩微信、微博,看今日头条等,对此,企业的推广要渗透到他们的生活中。

渠道(place)。所谓销售渠道,是指商品在从生产企业流转到消费者手上的整个过程中所经历的各个环节和推动力量之和。普通消费品一般经过代理商、批发商、商场或零售店送至消费者手中。B2C 模式则包括电话直销、电视直销、网络直销、人员直销、专卖店直销等模式。渠道的选择其实是一个企业的战略性问题,因此企业要慎重选择适合的销售渠道。

(三)4C 理论

随着市场竞争日益激烈,媒介传播速度越来越快,4P 营销理论遇到的挑战越来越多。在这种情况下,美国学者罗伯特·劳特朋(Robert Lauterborn)教授在《4P 退休 4C 登场》中提出了 4C 理论。4C(customer,cost,convenience,communication)理论以消费者需求为导向,重新设定了市场营销组合的四个基本要素,即顾客(consumer)、成本(cost)、便利(convenience)和沟通(communication),以满足消费者的需求,实现消费者的期望。

顾客(consumer)主要指顾客的需求。企业必须先了解和研究顾客,根据顾客的需求来提供产品。需要注意的是,企业提供的不仅仅是产品和服务,更重要的是由此产生的客户价值。

成本(cost)不单是企业的生产成本,还包括顾客的购买成本,要求产品定价的理想情况应该是既低于顾客的心理价格,又能够让企业有所盈利。其中,顾客购买成本不仅包括其货币支出,还包括其为此耗费的时间、体力和精力,以及购买风险。

便利（convenience）即所谓为顾客提供最大的购物和使用便利。4C 理论强调企业在制定分销策略时，要多考虑顾客，而不是企业自己。要通过好的售前、售中和售后服务来让顾客享受到购物便利。

沟通（communication）则被用于取代 4P 理论中对应的推广（promotion）。4C 理论认为，企业应通过同顾客积极、有效的双向沟通，建立基于共同利益的新型企业/顾客关系。这不再是企业单向的促销和劝导顾客，而是在双方的沟通中找到能同时实现各自目标的途径。

（四）4R 理论

4R 理论是当代企业营销中的一个重要理论，它是对传统的 4P 理论的补充和发展。其强调在营销活动中建立和维护客户关系的重要性，以及如何有效利用网络资源，提供有竞争力的产品和服务，从而实现资源的最优配置和利用。

4R 理论以其独特的视角和方法，突破传统营销的框架，提出了一种更加注重与消费者建立长期互动关系的方法论。这种理论不仅深入考虑到了企业的利益，也充分考虑到了消费者的需求，旨在通过提升顾客的忠诚度来实现企业的营销目标。

4R 理论的核心思想是将关系营销作为营销活动的中心，强调企业与客户之间关系的长期性和互动性。在这种思想的指导下，企业不再单一地追求短期的利润最大化，而是通过与顾客建立稳定、和谐的关系来追求长期的合作和共赢。这种转变体现了企业与客户从单纯的交易关系向更深层次的互动关系演化的趋势，也体现了现代营销理念对顾客价值和体验的重视。

4R 理论的四个要素，即关联（relevance）、反应（reaction）、关系（relationship）、报酬（reward），构成了这一理论的基础框架。其中，关联强调企业与顾客之间命运共同体的关系，指出与顾客之间建立良好的长期关系是企业成功的关键。反应则要求企业必须具备较强的灵活性和敏捷性，能够及时根据市场变化情况和顾客的反馈信息调整自身的策略和行为。关系强调企业与顾客建立稳定而长久的合作关系已经成为其抢占市场的关键所在。报酬则是在确认了交易和合作关系的基础上，探讨经济利益的合理分配和回报，确保双方都能从中获得应有的价值。

在实践中，4R理论强调企业需要采取主动的姿态，不仅要满足顾客现有的需求，还要满足顾客的潜在需求，通过系统化的营销思维来整合各个方面的资源，与顾客建立紧密的联系。这种联系不仅基于现实的交易关系，更基于情感联系、价值共享，从而促使企业在激烈的市场竞争中拥有持久的竞争优势。

第二节　数字经济背景下企业营销环境的变化

一、数字化渠道逐渐增多

在数字经济的背景下，数字化渠道的增多给企业营销带来了深刻的变革。互联网和移动技术的迅速普及，使得社交媒体、搜索引擎、在线广告、电子商务平台以及各种移动应用程序成了企业与目标客户互动的重要手段。

社交媒体的兴起为企业提供了一个与消费者直接交流和建立关系的平台。通过社交网络平台，企业不仅可以发布最新的产品信息和促销活动，还可以倾听消费者的声音，参与到消费者的日常对话中。此外，社交媒体还为企业提供了一个展示品牌和企业文化的机会。

搜索引擎是消费者获取信息的主要途径之一。通过搜索引擎优化和搜索引擎营销，企业可以提高其网站和内容在搜索结果中的排名，从而提升品牌的可见性和吸引潜在客户。通过关键词分析和市场趋势研究，企业可以更好地掌握消费者的搜索习惯和需求，制定有效的营销策略。

在线广告随着数字化渠道的增多变得越来越多样化。从传统的横幅广告到视频广告，再到社交媒体上的原生广告，企业的广告越来越精美、有效。特别是通过数据分析，企业能够精准定位目标群体，实现个性化的广告投放，提高广告效果和投资回报率。

电子商务平台的发展为企业开辟了新的直接销售渠道。通过自己的在线商店或在第三方平台上的店铺，企业不仅能够直接向消费者销售产品，还能通过数据分析了解消费者的购买行为，优化产品推荐和个性化营销。此外，移动商务的兴起使得消费者能够随时随地购物，为消费者提供了良好的购物体验。

在这些数字化渠道中，内容营销的重要性日益凸显。高质量的内容不仅能够吸引消费者，还能够提升品牌的权威性。企业可以通过公众号、微博、博客等平台发布对目标客户有价值的信息，建立与客户的情感联系。

随着数字化渠道的日益增多，企业营销的方式也在不断演变。在这个过程中，企业不仅要学会如何有效地使用数字化渠道，还要不断适应消费者行为的变化，创新营销策略，以在激烈的市场竞争中保持优势。

二、消费者的消费行为变化

在数字经济时代，消费者的行为发生了显著的变化，这对企业营销策略的制定和实施产生了重要影响。这些变化主要体现在以下几个方面。

消费者获取信息的途径变得更加多样化。互联网的普及使得消费者能够轻松访问大量信息，并对他们的购买决策产生重要影响。消费者现在不再仅依赖传统的广告和宣传材料来认识产品，而是更多地通过在线搜索、社交媒体、博客、论坛和网上评价来获取产品信息和他人的使用体验。这种信息的易得性使得消费者在作出购买决策之前能够进行更全面的研究和比较。社交媒体的兴起极大地影响了消费者的购买行为。在社交网络上，消费者不仅可以看到品牌的官方信息，还可以看到其他消费者对产品或服务的评价。社交媒体上的"影响者"或意见领袖也在某种程度上影响着消费者的购买决策。消费者更信任来自真实用户的评价，而不是品牌自身的广告宣传。

消费者现在期望更高水平的个性化和即时性服务。随着技术的发展，尤其是数据分析和人工智能的应用，消费者期待企业提供更加个性化的购物体验。这包括定制化的产品推荐、个性化的营销信息和针对个人需求的客户服务。此外，消费者也希望获得更快速的响应和高质量的服务，无论在线客户服务还是产品，消费者都期望在最短的时间内获得。消费者的购买行为趋向碎片化和多变。在数字经济时代，消费者面临着海量的产品和品牌选择，他们的注意力和兴趣可能随时转移。这使得消费者的购买行为变得更加不可预测。消费者可能在多个渠道上进行信息搜索和比较，而后在不同的平台上完成购买。这种行为的多变性要求企业必须在多个渠道上保持活跃和一致性，以确保在消费者的购买过程中始终与他们保持联系。为了应对这些变化，企业需要采用更灵活和多元化的营销策略。企业需要充分利用数据分析工具来理解消费者的行为和偏好，实现精准的目标市场定位和个性化营销。同时，企业需要在社交媒体和其他数字平台上与消费者有效互动和沟通，提高品牌的在线可见性和吸引力。此外，企业还需要优化客户服务流程，以提供快速、高效和个性化的服务。

三、数据驱动的决策体系愈发健全

在数字经济时代，数据驱动决策体系的构建对企业非常重要。随着大数据和高级分析工具的发展，企业现在能够收集和分析前所未有的大量数据，这些数据涵盖市场趋势、消费者行为、竞争对手情况等多个方面。这种数据驱动的决策为企业提供了更加精准和科学的市场定位以及营销策略制定的依据。

大数据技术使企业通过各种途径收集大量数据。这些数据来源于社交媒体、网站、市场调研报告等。通过对这些数据的深入分析，企业能够获得关于市场动态、消费者需求和行为模式、竞争环境等方面的宝贵信息。

高级分析工具，如机器学习和人工智能，使企业能够更加有效地处理和分析大规模数据集。这些工具能够帮助企业更好地分析数据，使企业发现消费者行为背后的潜在原因，预测市场发展趋势。这些分析结果可以为企业制定营销策略、优化产品设计、调整价格策略和改善客户服务提供有价值的信息。

数据驱动的决策还能帮助企业实现更加个性化的营销。通过对消费者行为的深入分析，企业能够识别不同客户的具体需求和偏好，并据此提供定制化的产品和服务，开展有针对性的营销活动。这种个性化的营销策略不仅能够提高客户的满意度和忠诚度，还能够提高营销活动的效果和投资回报率。数据驱动的决策也能够使企业更灵活地应对市场变化。通过持续的数据监测和分析，企业能够及时发现市场趋势和消费者需求的变化，并快速调整其营销策略和运营决策。这种灵活性对企业在快速变化的市场环境中保持竞争优势至关重要。然而，数据驱动的决策也带来了一定的挑战。一方面，企业需要投入资源来建立和维护有效的数据收集和分析系统；另一方面，企业需要培养具有数据分析能力的人才，以确保正确理解和应用分析结果。此外，随着数据隐私和安全问题的日益重要，企业还需要确保其对数据的收集和处理符合相关法律法规的要求。

四、更高的互动性和透明度

在数字经济背景下，企业与消费者之间的互动性进一步增强，透明度进一步提升。这对企业的品牌建设和营销策略产生了深远的影响。

社交媒体的广泛使用改变了企业与消费者之间的沟通方式。在社交

第二章 数字经济背景下企业营销环境分析

媒体上,消费者可以直接发表对产品或服务的看法,分享使用体验,甚至直接与企业互动。这种直接的互动为企业提供了即时反馈的渠道,也为品牌塑造和消费者关系管理带来了新的挑战。消费者的在线评论和讨论可以在短时间内影响其他潜在客户的看法,对企业的声誉产生重要影响。因此,企业需要密切关注社交媒体上的品牌讨论,及时解决消费者的疑问。透明度的提高要求企业在营销和沟通中更加真实和诚信。消费者现在能够轻松获取大量信息,并期望企业能够提供真实、透明的产品信息和品牌故事。在这种环境下,任何虚假宣传或误导性信息都可能迅速被揭露,并对企业信誉造成损害。因此,企业需要确保其营销活动的真实性和一致性,与消费者建立信任关系。

在数字经济背景下,消费者期望获得个性化体验,这种体验需要企业与消费者有良好的互动。消费者希望品牌能够理解他们的个性化需求和偏好,并提供定制化的服务和产品。这要求企业不仅要收集和分析消费者数据以了解他们的需求,还要利用这些信息来提供个性化的购物体验和客户服务。例如,通过个性化的电子邮件营销、定制化的产品推荐以及社交媒体上的针对性互动,企业可以提升消费者的参与度和满意度。同时,消费者对品牌参与社会议题和展示企业责任的期望也在增加。在透明度提高的环境下,企业的社会责任行为和可持续发展实践越来越受到消费者的关注。企业不仅需要在经营活动中体现其对社会和环境的责任,还需要通过沟通和营销活动向消费者传达企业的价值观。这不仅有助于提升品牌形象,也是提升消费者信任度和忠诚度的重要手段。

在数字经济背景下,提高透明度和互动性已成为企业营销战略的重要组成部分。企业需要通过多渠道互动、真实透明的沟通和个性化体验的提供,来建立和维护与消费者的关系。同时,企业需要关注其在社会责任和可持续发展方面的表现,以满足消费者对品牌价值和责任的期望。这种多方位的互动和沟通策略有助于企业在竞争激烈的市场中发挥品牌优势,并取得成功。

五、内容营销开始崛起

在数字经济时代，内容营销的重要性日益凸显，成为企业吸引消费者的关键手段。

在信息过载的环境中，仅仅提供基本的产品或服务信息已不足以吸引消费者的目光。有价值的、有吸引力的内容能够帮助企业与消费者建立更深层次的联系，建立情感联系。

内容营销的崛起意味着企业必须转变传统的广告思维，转而关注如何提供有教育性和娱乐性的内容。这不单单是推销产品或服务的工具，还是帮助消费者解决问题、提供有用信息或娱乐的方式。例如，一个健康产品的品牌可能会创建关于健康生活方式的博客或制作与健康生活相关的视频，而不是直接推广其产品。

内容营销的核心在于创造有价值的、与目标受众相关的内容，这些内容不仅要能够吸引消费者的注意，更要能够激发消费者的共鸣并与其建立长期的关系。在数字经济时代，内容营销的重要性愈发凸显。内容营销不仅仅是推销产品或服务，更是在讲述一个引人入胜的故事，传达品牌的核心价值和理念。通过故事讲述，企业能以更具吸引力的方式展示其品牌个性，与消费者产生共鸣。这种方式往往比直接的产品推广更能引起消费者的兴趣和情感反应。

视频内容由于其直观的特性，成为内容营销中的有效工具。视频能够以视觉和听觉的形式展现复杂的信息和情感，从而吸引消费者。企业可以利用视频展示产品的使用方式、分享客户的成功故事、展示企业的文化和活动，这些都有助于提升品牌形象和吸引潜在客户。除传统的内容形式外，社交媒体内容、信息图表和电子书等新兴的内容形式也在内容营销中发挥着重要作用。这些内容形式能够满足不同消费者的消费习惯和偏好，使企业在更广泛的渠道上与消费者互动。

内容营销还要注重个性化。随着数据分析技术的发展，企业现在能够更准确地了解消费者的兴趣和需求，并据此提供定制化的内容。例如，基于消费者的浏览历史和购买行为，企业可以推送相关的产品信息、专题文章或视频，提高内容的相关性和吸引力。

内容营销在数字经济时代成为企业与消费者建立深层次连接的重要手段。通过提供有价值、有吸引力的内容，企业不仅能够吸引目标受众，还能够提升品牌的权威性和消费者对品牌的信任度，从而在激烈的市场竞争中取得优势。

六、个性化和定制化的需求增加

随着数字技术的发展和消费者行为的变化，个性化和定制化已成为现代营销的关键。消费者不再满足于标准化的产品和服务，开始寻求符合个人独特需求和偏好的产品和服务。这一趋势促使企业必须重新思考其产品开发、营销策略和客户服务方法，以适应这种日益增长的个性化需求。

个性化和定制化的需求来源于消费者对自我表达和身份认同的追求。在数字经济时代，消费者希望通过购买的产品和服务来反映其个性、生活方式和价值观。这种需求推动了从单一产品向个性化服务的转变，企业需要提供更多的定制选项，如个性化设计、特定功能的添加或特殊材料的选择等。

为了满足这种需求，企业要利用数据分析和先进技术深入了解消费者的喜好和行为模式。通过收集和分析消费者的在线行为、购买历史等，企业可以获得宝贵的信息，用于指导产品设计、营销等。例如，通过数据分析，电商平台可以为每位用户提供个性化的产品推荐。除了数据分析，技术的发展也为个性化服务提供了更多可能性。例如，人工智能和机器学习技术可以自动识别消费者的偏好，并提供定制化的购物体验。增强现实（AR）和虚拟现实（VR）可以为消费者提供沉浸式的购物体验，让消费者在虚拟环境中预览和定制产品。企业还要重视个性化体验的整体设计。这不仅仅是产品本身的个性化，还包括购买过程、客户服务和售后支持的个性化。

七、电子商务和移动商务的快速发展

在当今时代,电子商务和移动商务的快速发展已经深刻改变了消费者的购买行为和购物方式,对企业的销售和分销策略产生了重大影响。这种变化不仅涉及购物平台的转移,还包括消费者决策过程和购买路径的变化。

线上购物平台的普及使得消费者能够更加方便、快捷地浏览和购买产品。电子商务平台(亚马逊、阿里巴巴等)提供了海量的产品,消费者可以轻松比较不同品牌和产品,阅读用户评价,甚至享受个性化的购物推荐。这种便利性和丰富的选择大大促进了在线购物的普及。移动商务的兴起进一步加速了这一趋势。随着智能手机和移动应用程序的普及,消费者现在可以随时随地购物。移动支付技术的发展为消费者提供了简单、快捷的支付方式。这些技术不仅提高了购物的便捷性,也使得即时购买成为可能。这些变化给企业的销售和分销策略带来了巨大挑战。企业需要适应消费者在线购物的习惯,为消费者提供更好的购物体验。这包括提供直观的网站设计、高效的搜索和筛选功能、简洁的购物流程和多种支付选项。此外,随着移动购物的普及,企业也需要确保其网站和应用程序在移动设备上的性能和可用性。

企业还要调整其供应链和物流策略以适应电子商务的需求。这可能包括建立更高效的库存管理系统、优化物流网络以缩短配送时间以及提供灵活的退换货政策。在一些情况下,企业可能需要与第三方物流服务商合作,以提高配送效率和降低成本。企业的市场营销策略也需要适应电子商务和移动商务的发展。这包括在社交媒体和搜索引擎上进行有针对性的广告投放,利用电子邮件营销和移动应用程序推送通知等方式来保持与消费者的互动。同时,企业需要利用数据分析来了解消费者在线购物的行为和偏好,以便更精准地定位其市场营销活动。

第三节　数字经济背景下客户特征及行为分析

一、进行客户特征及行为分析的意义

客户特征及行为分析是企业在数字经济时代获取市场信息、提升业务绩效、增强竞争力和实现长期发展的关键。通过这些分析，企业可以更好地服务其客户，同时不断优化和创新其产品和服务，以适应不断变化的市场需求。

（一）有利于提高营销效果

在数字经济时代，客户特征和行为分析对于提高企业营销效果具有重要意义。通过深入分析，企业能够获得对客户更全面的认识，从而更精准地定位目标市场，并制定出更符合客户需求和兴趣的营销策略。这不仅提升了营销活动的效果，也大幅度提高了投资回报率。

通过客户数据分析，企业能够识别不同的客户群体及其特征，如年龄、性别、地理位置、购买力、兴趣爱好等。这些信息对企业了解谁是他们的潜在客户以及这些客户的具体需求和偏好是什么至关重要。例如，一个面向年轻人的时尚品牌可能会发现其目标客户活跃在微博、抖音等社交平台上，而不是传统的广告渠道。

深入的客户行为分析可以帮助企业理解客户的购买过程。通过跟踪客户的在线行为，如搜索历史、网站访问路径、点击率和购买历史，企业可以了解客户的购物习惯和偏好。这使企业能够开发出更加针对性的营销策略，如通过个性化的电子邮件营销、定制化的产品推荐或特定时间的促销活动来吸引客户。

客户行为分析还能够帮助企业预测未来的市场趋势。通过分析客户的购买模式和行为变化，企业可以预测哪些产品或服务可能会受欢迎，哪些营销活动可能会更有效。这种预测不仅指导企业进行库存管理和产品开发，还能够帮助企业及时调整营销策略，抓住市场机会。此外，客户特征和行为分析还可以帮助企业进行风险管理。例如，通过分析客户的购买行为和偏好，企业可以及时识别潜在的市场风险，如客户流失或对某个产品的负面反应，从而采取相应措施进行干预。

借助先进的数据分析工具和技术，企业可以实现实时的客户行为跟踪和分析。这使得企业能够快速响应市场变化，及时调整其营销策略。同时，这些工具能帮助企业进行更精准的市场细分，创建更具针对性的营销信息，从而提高营销活动的个性化程度和有效性。

（二）有利于增强客户体验

在数字经济时代，增强客户体验成为企业获得竞争优势的关键。了解客户的行为和偏好是实现这一目标的基础。通过深入分析客户数据，企业能够提供更加个性化和满足客户需求的产品或服务，有利于提升客户的满意度和忠诚度。个性化服务已成为提升客户体验的核心。在传统的商业模式中，企业往往提供标准化的产品和服务，但现代客户期望得到更加符合个人需求和偏好的解决方案。通过利用客户数据分析，企业可以了解每位客户的独特需求，包括他们的购买习惯、偏好和行为模式。这些信息使企业能够为客户提供定制化的产品和服务，如个性化的购物推荐、定制的沟通方式和专属的客户服务。优化客户购物旅程是丰富客户体验的另一关键。客户的购物旅程包括多个阶段：需求认知、信息搜索、评估选择、购买决策和售后服务。在这个过程中，企业需要确保每次接触都能给客户带来好的体验。例如，在线零售商可以通过简化的购物流程、清晰的产品信息和便捷的支付方式来为客户提供更好的购物体验。在售后服务方面，要及时解决客户的问题，以提升客户的满意度。

通过数据分析，企业还可以预测客户的需求和行为。这种预测能力使企业能够主动提供服务和问题解决方案，甚至在客户明确表达需求之前就解决潜在问题。这种主动性不仅可以为客户提供更好的体验，也提升了客户对品牌的信任度和忠诚度。为了增强客户体验，企业还需要关注客户反馈和参与。鼓励客户分享他们的体验和建议，不仅能够为企业提供宝贵的信息，还能让客户感受到他们的声音被听到和重视。企业应通过社交媒体、客户调研和用户论坛等渠道收集客户的反馈信息，并基于这些反馈信息进行产品或服务的持续改进。在移动商务不断发展的背景下，为客户提供无缝的移动体验也变得尤为重要。这包括优化移动应用程序的用户界面和体验、提供移动友好的购物流程和提升移动支付的便捷性。随着越来越多的客户通过移动设备进行购物和互动，提供优质的移动体验成为提升客户满意度的关键因素。

（三）有利于驱动产品和服务创新

在当前的商业环境中，客户行为分析对驱动产品和服务创新具有较大的价值。

深入了解客户的需求、偏好和行为模式能够为企业揭示市场趋势，有利于指导企业进行有针对性的产品创新和服务改进。

客户行为分析能够帮助企业识别市场上的新机会。通过分析客户的购买历史、搜索习惯和用户反馈信息，企业可以发现客户需求的变化和新兴趋势。例如，如果数据显示客户对某种新技术或产品功能的需求增加，企业可以据此开发新产品或改进现有产品来满足这些需求。

客户行为分析能够揭示现有产品或服务的不足之处。通过分析客户的使用模式、反馈信息，企业可以识别产品功能的缺陷或服务流程的不足。这为企业提供了改进产品和优化服务的重要依据，有助于提升产品质量和服务水平，从而提升客户满意度。

客户行为分析有助于企业进行个性化的产品开发。在市场细分日益明显的今天，企业可以通过分析不同客户的特定需求来开发定制化的产品。例如，针对年轻消费者的生活方式和偏好，企业可以开发出更加时尚和个性化的产品。

客户行为分析是促进服务创新的关键。企业可以根据客户的服务体验反馈来优化其服务流程，提高服务效率。例如，在线客服系统可以根据客户的历史互动记录来提供更加精准和快速的解决方案。

在竞争激烈的市场环境中，客户行为分析还能够帮助企业快速响应市场变化。持续监测客户行为的变化，企业可以及时调整产品策略和市场定位，以适应市场的变化。这种灵活性和适应性是企业持续创新和保持竞争力的重要因素。

客户行为分析有助于企业提升跨渠道的产品和服务一致性。在多渠道营销日益普及的今天，企业需要确保在不同渠道上提供的产品和服务质量保持一致。通过分析客户在不同渠道的购买行为和反馈信息，企业可以更好地协调各个渠道的产品策略和服务水平。

（四）有利于优化客户服务

在数字经济时代，优化客户服务成为企业关注的重点。通过对客户反馈信息的深入分析，企业不仅能发现并解决服务过程中的问题，还能进一步优化客户服务流程，提升整体服务质量。这对提高客户满意度和维护品牌形象至关重要。

客户服务的优化始于对客户互动数据的深入分析。通过收集和分析客户在各个接触点上的互动数据，如社交媒体评论、在线聊天记录、客户服务电话、邮件反馈等，企业能够获得宝贵的客户信息。这些客户信息有助于企业理解客户的具体需求和问题所在，识别服务过程中的痛点和挑战。

客户反馈是优化服务流程的重要来源。企业可以通过调查问卷、在线评价系统和直接的客户访谈来收集反馈信息。这些反馈信息提供了客户对服务体验的直接评价，指出了服务中需要改进的具体领域。例如，如果多数客户反映在线购物结算流程复杂，企业便可以针对性地简化购物和结算流程。

第二章　数字经济背景下企业营销环境分析

企业可以利用客户服务数据来优化资源分配。通过分析客户服务请求的模式和高峰时段，企业可以更有效地分配客服人员，减少客户等待时间，提高服务效率。对于常见问题，企业可以开发自助服务工具，如常见问题解答和在线知识库，使客户快速找到解决方案。

在技术驱动的今天，利用先进技术（如人工智能、机器学习等）优化客户服务也变得越来越重要。例如，人工智能驱动的聊天机器人可以提供 24/7 的即时客户支持，解决客户的基础问题，并在必要时将复杂问题转交给人工服务人员。这不仅提高了服务效率，还改善了客户的整体服务体验。

个性化服务也是优化客户服务的重要方面。通过分析客户的历史购买记录和互动行为，企业可以为客户提供更加个性化的服务体验。例如，向老客户推荐他们可能感兴趣的新产品，或者基于客户的购买历史提供定制化的售后服务。

持续的客户服务质量监控和评估对提升服务水平至关重要。企业需要建立一套系统化的服务质量评估和监控机制，定期评估和监督服务，确保服务符合标准，并根据客户反馈进行调整。

（五）有利于提高运营效率

通过对客户数据的深入分析，企业可以更加精准地定位目标市场，有效地分配资源，优化营销策略，提高产品开发的针对性，有利于在整体运营上取得更高的效率。

客户分析能够帮助企业识别有价值的客户。通过对客户的购买历史、行为模式、偏好和反馈数据的分析，企业可以确定哪些客户为企业带来了最大的利润。这些信息对企业集中资源作出更有针对性的市场营销和产品开发决策至关重要。例如，企业可能会发现某一特定细分市场的客户对其产品特别感兴趣，从而将更多的营销资源集中于这一市场。

客户分析有助于优化市场营销策略。通过了解不同客户群体的行为和偏好，企业可以制定更加个性化和针对性的营销活动，提高促销活动的有效性。这种针对性的营销不仅能够更有效地吸引目标客户，还能够减少无效营销的资源浪费。

客户分析能够提高产品开发的效率。通过对客户需求和反馈信息的深入分析，企业可以更准确地预测市场趋势和客户需求，从而指导产品研发团队开发出更符合市场需求的产品。这不仅缩短了产品开发周期，也减少了因市场需求判断失误而造成的资源浪费。

客户分析能够帮助企业优化库存管理。通过预测不同产品的市场需求，企业可以更准确地进行库存规划，避免库存过多或库存短缺的问题。这种精准的库存管理不仅降低了仓储成本，也提高了客户满意度。

在客户服务方面，客户分析同样发挥重要作用。通过分析客户服务请求的模式和趋势，企业可以有效地安排客服资源，确保在高需求时段有足够的客服人员处理客户问题。同时，通过对常见问题的分析，企业可以提前准备解决方案，减少客户等待时间，提高服务效率。

（六）有利于优化风险管理

在当今的商业环境下，优化风险管理是企业成功的关键之一。通过对客户数据的深入分析，企业能够识别并及时应对各种潜在风险，尤其是客户流失的风险。

客户行为分析可以帮助企业识别哪些客户有流失的风险。通过监测客户的购买频率、互动模式、服务使用情况和反馈信息，企业可以发现哪些客户可能不再对其产品或服务感兴趣。这些数据可以帮助企业及时识别出哪些客户需要额外的关注和维护，从而采取措施来减少客户流失。客户行为分析可以揭示产品或服务中潜在的问题。例如，如果数据显示某个产品的退货率或投诉率异常高，这可能表明该产品存在质量问题或不符合客户期望。及时识别并解决这些问题不仅可以减少客户的不满和流失，还可以避免更大范围的品牌损害。

通过分析客户反馈和评论，企业可以获得关于市场趋势和消费者需求变化的早期警示。这些见解对预测和应对市场变化至关重要，可以帮助企业调整产品策略和市场定位，从而减少由市场变动带来的风险。客户行为分析还能帮助企业优化其财务策略。例如，通过分析客户的付款行为，企业可以识别哪些客户可能存在迟延支付或违约的风险，从而采取预防措施，如调整信贷政策或加强催收管理。

在竞争激烈的市场中，对竞争对手的客户行为分析也是风险管理的重要组成部分。通过监测竞争对手的客户满意度和忠诚度，企业可以获得宝贵的信息，用于制定有效的竞争策略。随着数据隐私和安全问题的日益重要，客户行为分析也成为保护客户数据安全的重要工具。通过监测异常的客户行为模式，企业可以及时发现并阻止潜在的数据泄露或欺诈行为，从而保护客户数据和企业声誉。

（七）有利于竞争优势的建立

在当今市场环境中，企业面临着激烈的竞争。深入了解客户特征和行为是企业取得竞争优势的关键。通过对客户的深入分析，企业不仅能够更好地满足客户需求，还能够在众多竞争者中脱颖而出。对客户特征和行为的深入了解，能使企业提供更精准的个性化服务。在消费者日益追求个性化和定制化产品的今天，企业能够通过分析客户数据来了解客户的独特需求。这种对客户需求的深刻理解能使企业开发出更符合客户期望的产品和服务，从而提高客户的满意度和忠诚度。深入的客户分析有助于企业进行更有效的市场细分。企业可以通过分析客户行为和偏好来识别不同的市场细分群体，并针对这些群体制定特定的营销策略。这种定制化的市场策略不仅能够提高营销活动的效果，还能够使企业在特定市场细分中保持领先地位。客户行为分析还能够帮助企业预测市场趋势和消费者需求的变化。在快速变化的市场环境中，能够及时预测并适应市场变化是企业竞争成功的关键。通过持续监测客户行为，企业可以及时调整其产品和服务，以满足市场的最新需求。

在提高运营效率方面，客户分析同样能够帮助企业取得竞争优势。通过对客户数据的分析，企业可以更有效地分配资源，优化运营流程，降低成本。同时，深入的客户分析能够帮助企业提升品牌形象和声誉。在提供个性化和定制化服务的同时，企业可以展示其对客户需求的关注和对服务质量的承诺。这种良好的品牌形象能够吸引更多的客户，提高客户的口碑传播，从而在竞争中获得优势。对客户行为的深入分析还能够帮助企业有效应对竞争。通过对客户数据的分析，企业可以识别竞争对手的弱点和抓住市场机遇，从而制定有效的竞争策略。这种基于数据的竞争策略能够使企业在市场上更加灵活和主动，从而在竞争中保持领先地位。

（八）有利于增强品牌影响力

在当今的市场环境中，品牌影响力是企业成功的关键因素之一。深入了解并满足客户需求，可以使企业增强客户对品牌的正面认知，提升客户的忠诚度，最终显著增强品牌的市场影响力。满足客户需求能够显著提升客户的满意度。当企业能够提供符合或超出客户期望的产品和服务时，客户更有可能对品牌产生正面认知。这种满意度是品牌忠诚度和口碑传播的基础。满意的客户往往愿意与他人分享自己的正面体验，这种客户自发的推荐是提升品牌影响力的有效方式之一。个性化服务和定制化解决方案对增强品牌影响力至关重要。在市场竞争日益激烈的今天，能够提供个性化体验的品牌更容易获得客户的青睐。个性化服务体现了企业对客户的重视和对细节的关注，有助于在客户心中建立独特的品牌形象。这种形象不仅提升了客户的忠诚度，还能吸引更多潜在客户的关注。积极的客户反馈和评价在社交媒体和在线平台上的传播，能够扩大品牌的影响范围。在数字经济时代，客户的在线评价和分享对品牌形象的构建至关重要。积极的评价能够吸引新客户，增强品牌的可信度和吸引力。在提供卓越客户服务方面，企业也能够通过优秀的客户支持和服务来增强品牌影响力。优秀的客户服务不仅能够解决客户的问题，还能在客户心中留下深刻的正面印象。这种印象会转化为长期的品牌忠诚度，并在客户之间形成口碑效应。通过客户行为分析发现和预测市场趋势，企业能够快速响应市场变化，创新产品和服务。这种市场敏感性和创新能力是提升和维持品牌影响力的重要因素。创新不仅展现了品牌的活力，还能吸引对新鲜事物感兴趣的客户，特别是那些追求新技术的客户。贯彻以客户为中心的企业文化也对增强品牌影响力至关重要。当企业文化强调客户满意度和客户需求的重要性时，每个员工都会努力提供超出客户期望的服务。这种文化不仅提升了员工的服务意识，还能塑造强大的品牌形象。

二、数字经济时代的客户行为特点

在数字经济时代，客户行为呈现出一定的特点，深刻影响着企业的市场策略和运营模式。这些特点具体如下。

(一) 更高的信息获取能力

在数字经济时代，客户的信息获取能力得到了显著提升，这对企业的营销策略和产品发展具有深远影响。数字经济时代的客户通过互联网能够快速访问大量信息，这种变化带来了一系列新的商业现象和挑战。

互联网的普及和便捷性意味着客户可以轻松地获得大量的产品信息。无论通过搜索引擎、社交媒体、专业论坛还是电子商务网站，客户都能快速找到自己需要的信息。这种即时获取信息的能力使得客户在作出购买决策之前能够进行广泛的研究和比较，提升了他们的知情度和决策的理性。

客户越来越倾向利用在线评价和用户反馈来作出购买决策。消费者评论、评分系统和社交媒体上的用户体验分享成为客户判断产品质量和服务水平的重要依据。这种趋势强化了口碑营销的重要性，同时要求企业更加关注产品质量和客户服务，以保持良好的在线声誉。

由于客户能够轻松地比较不同品牌和产品，市场的透明度大大提高。客户不仅比较价格，还会比较产品功能、品质、服务和品牌声誉等多个方面。这种比较不仅限于本地市场，还扩展到了全球范围，使得企业面临更加激烈的全球竞争。

客户的信息获取能力还促使企业必须更加注重线上内容的质量和吸引力。为了吸引客户，企业需要投入更多资源来优化其在线内容，包括网站设计、产品描述、视觉呈现和互动元素。高质量的在线内容不仅能够吸引客户，还能够提升品牌形象和客户的参与度。同时，企业面临着更高的透明度要求。在信息流通迅速的数字经济时代，任何产品缺陷或服务失误都可能迅速被公众知晓并影响品牌形象。因此，企业需要确保其产品和服务能够承受公众的审视，并在必要时迅速响应客户的反馈和关切。

可以说，数字经济时代客户的高信息获取能力对企业提出了新的挑战。企业需要适应这一变化，通过提供高质量的产品和服务、优化线上内容和维护良好的在线声誉，来满足信息丰富、需求多样且越来越理性的客户的需求。

（二）多渠道购物行为

在数字经济背景下，客户的购物行为日益多元化，尤其是多渠道购物行为的兴起给企业营销策略带来了重大变革。

在这种趋势下，客户可能会在不同的平台上进行互动和购物，如在社交媒体上发现新产品，在线上商店浏览商品信息，在移动应用程序中完成购买，在实体店铺进行产品体验。

这种多渠道的购物方式，使得客户的购买路径变得更为复杂，但也为企业提供了更多接触客户的机会。

社交媒体已成为一个重要的产品发现渠道。在社交媒体上，通过朋友的推荐、网红的评测或品牌的广告，消费者可以轻松地接触到新产品。这种社交影响力对消费者的购买决策有着重要的影响。品牌可以通过社交媒体与客户建立直接联系，提高品牌曝光率和客户忠诚度。

线上商店为客户提供了丰富的商品信息和便捷的购物体验。客户可以在网上轻松查看不同品牌和产品的详细信息，包括价格、规格、用户评价等。这不仅为客户提供了便利，也增强了品牌之间的竞争。因此，企业需要在线上商店中提供全面且准确的商品信息，并通过优化搜索引擎、改善用户界面等方式为客户提供更好的体验。

移动应用程序的普及改变了购物的方式和体验。通过移动应用程序，客户可以随时随地购物，这为即时购买提供了极大的便利。移动应用程序还可以提供个性化的购物体验，如基于用户历史行为的推荐、位置服务提供的本地化促销等。企业需要不断创新移动应用程序，以吸引并留下客户。

但是，实体店仍然是重要的购物渠道之一，尽管数字化趋势日益明显，但很多客户仍然喜欢在实体店中亲身体验产品。实体店提供了线上无法替代的感官体验，如触摸、试穿等。对于企业来说，将线上与线下体验相结合，提供无缝的购物体验是关键。例如，线上预约试穿、线下自提线上购买的商品等。

（三）对购物便利性的追求

在当今的消费市场中，客户往往追求购物的便利性。随着技术的发展和生活节奏的加快，客户希望在获取产品信息、进行购物以及接受客户服务时都能享受到快速和便捷的体验。

在数字经济时代，客户习惯于通过搜索引擎、社交媒体、电子邮件等渠道快速获得所需的商品信息。为了满足这一需求，企业需要在其官网、移动应用程序和社交媒体上提供详尽且易访问的产品信息。同时，通过数据分析和人工智能，企业可以根据客户的浏览习惯和购买历史向其推荐相关产品，进一步提高客户获取信息的效率。

简化和优化购物流程对提升购物便利性至关重要。这包括简化网站和移动应用程序的用户界面设计，减少结账过程中的步骤，以及提供多样化的支付选项。此外，企业还可以通过一键购买、保存多个送货地址、设置默认支付方式等功能，进一步提升购物过程的便捷性。在物理店铺中，自助结账系统和移动支付解决方案也日益普及，使得客户能够迅速完成购物。

现代客户期望通过多种渠道（电话、电子邮件、社交媒体、即时消息等）轻松联系客服，并得到快速响应。为此，企业应加大投资，建立全渠道的客户服务平台，同时利用聊天机器人、自助服务门户等提高服务效率。在处理退货、换货和售后问题时，简单快捷的流程是提升客户满意度的关键。另外，个性化服务也是提升购物便利性的重要方面。通过分析客户数据，企业可以提供个性化的购物建议、促销活动和定制化的服务。例如，基于客户的购买历史和偏好推送个性化的产品推荐和促销信息。

基于以上情况，企业要持续关注和适应技术的发展，以便不断优化购物体验。例如，利用增强现实让客户在线上试穿服装或在家中预览家具摆放，使用物联网技术来优化库存管理和物流跟踪等。

（四）消费者开始关注个人隐私

随着数字技术的快速发展和个人数据在商业决策中的重要性不断提升，消费者对个人隐私的安全性越来越重视。

在这个背景下，客户不仅希望享受便捷的服务，还期望企业在收集和使用他们的数据时保障高度的安全性。

在这个信息时代，大量的个人数据被收集和分析，用于改善产品、定制服务、推动销售等。然而，这种数据的收集和使用也引发了消费者对隐私泄露和数据安全的担忧。消费者越来越意识到他们的个人信息，如购物习惯、位置数据、搜索历史等，可能未经授权被使用，甚至用于不正当目的。为减少这种担忧，企业要在数据收集和使用上展现出更高的透明度。这意味着企业不仅要明确告知消费者正在收集何种数据，还要说明这些数据如何被使用和保护。例如，通过用户协议和隐私政策以清晰和易理解的方式告知用户。此外，企业应提供给消费者更多的控制权，如允许他们选择加入或退出某些数据收集项目，或者提供数据删除的选项。数据安全性的提升也是满足消费者期望的关键。随着数据泄露和网络攻击事件的频发，消费者对自己的数据如何被保护越来越关注。企业需要投入更多资源来保护数据，如采用加密技术、定期进行安全审计、制订数据泄露应急计划等。同时，应定期对员工进行数据保护和隐私法律的培训，以确保整个企业对数据安全的重视。

在提高透明度和保障数据安全的同时，企业还需要遵守各地区的隐私法律和规定。随着欧盟通用数据保护条例的实施以及其他国家和地区隐私法规的推出，企业在全球范围内处理个人数据时需要遵守更加严格的规定。这不仅包括合规的数据收集和处理方式，还包括对跨境数据传输的规范。

企业还应考虑利用隐私保护技术来增强消费者信任。例如，使用匿名化和伪匿名化技术处理数据，这可以在保护个人隐私的同时，利用数据进行分析和作出商业决策。通过这种方式，企业可以在保护用户隐私的前提下，有效利用数据资源。

（五）社交媒体影响力增强

随着社交媒体和在线社区在日常生活中扮演的角色越来越重要，它们对消费者的购物行为产生了显著影响。社交媒体不仅是信息分享平台，也成了影响消费者购买决策的关键渠道。

客户在这些平台上受到朋友、家人和品牌的直接影响，这些影响逐渐塑造了他们的购买习惯和品牌偏好。

在社交媒体上，朋友和家人的推荐对消费者的购买决策有着重要影响。当亲友在社交媒体上分享某个产品的使用体验或购买建议时，这些信息往往被视为可靠和值得信赖的。例如，一位用户可能会因为看到好友在网络平台上分享的某健康食品的正面评价而决定购买。

博主和名人在社交媒体上的影响力也不容小觑。他们通过发布关于产品的评测、使用体验或者合作广告，能够影响大量粉丝的购物选择。例如，时尚博主在社交平台上推荐的最新时尚配饰，可能会迅速引起粉丝的关注和模仿，推动产品的热销。品牌也越来越重视在社交媒体上与消费者互动。通过发布有趣的内容、互动性强的活动或及时的客户服务，品牌能够在社交媒体上塑造积极的形象，并直接影响消费者的购买决策。例如，某品牌通过在社交媒体上举行的互动竞赛来吸引客户，提升了品牌的知名度和产品销量。

第三章 数字经济背景下企业营销转型的战略规划

第一节 重塑企业营销理念

一、营销理念

在当今这个快速变化的市场中,营销不仅仅是推销产品,还成了创造价值、建立关系和理解消费者需求的艺术。

(一)营销理念的内涵

营销理念作为企业经营管理的核心指导思想,是企业在激烈的市场竞争中立足的基石。它不仅代表着企业的经营哲学和思维方法,更是影响企业整体营销策略和实践的根本。

营销理念的核心是"以顾客为中心"。在现代市场环境中,消费者需求的多样性和个性化趋势日益明显。因此,企业必须从消费者的需求出发,了解和预测消费者的行为,提供满足他们需求的产品和服务。这种以顾客需求为导向的营销理念要求企业在产品开发、服务设计、市场推广等各个环节均以顾客满意为最终目标。

营销理念强调的是"差异化竞争"。在众多竞争对手中脱颖而出,企业需要具备独特的竞争优势。这种优势来源于产品的差异化、服务的个性化以及创新的营销策略。企业需要通过持续的创新来适应市场的不断变化,比竞争对手更快、更准确地响应市场需求,以达到在市场中占据有利位置的目的。

现代营销理念还包括"全程营销"。这意味着营销活动不仅仅是销售过程的一部分,还是从产品研发的初期直到产品售后服务的整个过程。

全程营销的观念要求企业在产品的每一个生命周期阶段都进行市场研究和营销活动，确保产品能够与市场需求紧密相连，并在整个过程中维护与顾客的关系。营销理念还强调"社会责任感"。企业在追求经济效益的同时，需要关注其活动对环境、社会的影响。可持续营销的概念要求企业在其产品和服务中融入环保、社会责任等元素，不仅仅追求短期利润，更重视长期的品牌声誉和社会影响。

现代营销理念还包括数据驱动的决策制定。企业通过分析大量的市场数据，可以更加精准地了解消费者行为，预测市场趋势，为产品开发、市场定位、促销策略等提供数据支持。这种基于数据的营销方法能够提高企业的市场响应速度和决策的准确性。

可以看出，营销理念不仅是企业营销活动的指导思想，更是企业经营管理的重要组成部分。一个正确的营销理念能够帮助企业有效地理解市场需求，开发符合市场趋势的产品和服务，制定有效的市场策略，从而在竞争激烈的市场环境中取得成功。

（二）营销理念的作用

营销理念在企业的营销实践中起着至关重要的作用，它对企业的发展方向、员工行为以及市场营销理论的发展均有深远的影响。

营销理念在营销实践中决定了企业的价值导向，因而也就决定了企业经营的方向。它不仅指导企业如何识别和满足消费者需求，更重要的是，它塑造了企业对待市场、竞争和客户关系的基本态度。一个以客户需求为中心的营销理念，会驱使企业在产品开发、服务创新和市场策略等方面不断进步，以确保满足日益变化的市场需求。相反，如果企业缺乏正确的营销理念，可能会错失市场机会，甚至导致企业长期衰落。

营销理念指导着营销实践，影响着企业制定市场战略的方式，以及实施营销计划的方法。例如，强调创新和差异化的营销理念将促使企业在市场上寻求独特的定位，注重社会责任的营销理念则会使企业在追求利润的同时，注重对环境和社会的影响。

营销理念对企业员工的思想和行为具有整合作用。它不仅影响高层管理者的决策，也渗透到企业的每一个层级，形成了一种共同的价值观和行为准则。这种共同的理念有助于团队成员在追求公司目标时保持一致，增强团队合作和执行力。员工与客户的每一次互动，都体现了企业的营销理念，影响着企业的品牌形象。

（三）营销理念的特征

营销理念是企业成功的关键，它体现在对客户需求的深刻理解、市场变化的敏锐洞察以及创新与社会责任的有机结合方面。

营销理念的形成和演变具有鲜明的历史特征。这种理念是在长期的营销实践中逐渐发展起来的，其形成有历史的必然性。例如，在20世纪20年代以前，由于社会生产力的限制，市场主要是供不应求的卖方市场，企业主要关注的是如何大规模生产并降低成本以获得利润，这一时期的营销理念主要是"以企业利润为中心"。然而，随着第二次世界大战后科技的飞速发展，生产条件发生了巨大变化，产品供应能力大幅度提升，市场由卖方市场转变为买方市场，产品种类丰富，企业间竞争加剧。在这种背景下，许多企业开始意识到，顾客需求是企业利润的源泉，只有满足顾客需求，企业才能在激烈的市场竞争中生存和发展，否则就会被市场淘汰。因此，"以社会和顾客需求为中心"的营销理念应运而生。由此可见，营销理念的形成和发展是符合历史发展规律的，它并不是人们主观意愿所能改变的。

营销理念具有时代特征，不同的历史时期会催生出不同的营销理念。这些理念是在特定的社会经济背景和市场环境中形成的，反映了那个时代的市场需求和营销趋势。在当前全球经济一体化和中国市场经济迅速发展的背景下，营销理念已经发生了根本性的变化。在过去的几个世纪中，营销理念经历了从以生产为中心到以产品为中心，再到以销售为中心的演变。随着市场竞争的加剧和消费者需求的多样化，当今社会出现了"以社会—顾客需求为中心"的营销理念。这种理念认为，企业的成功不仅取决于其生产能力或产品质量,更重要的是满足和超越顾客的需求和期望。这意味着企业不仅要关注产品的功能和质量,还要关注产品如何满足消费者的个性化需求,如何提升消费者的生活品质,以及如何在促进社会可持续发展方面作出贡献。当前的营销理念强调对顾客需求的深度挖掘和满足,这不仅包括传统的产品和服务需求,也包括对品牌价值、社会责任以及环保等方面的关注。随着数字技术的发展和社交媒体的兴起,消费者的声音比以往任何时候都重要和强大。企业需要通过各种渠道收集和分析顾客数据,以便更好地理解顾客需求,制定更加精准和有效的市场营销策略。总之,"以社会—顾客需求为中心"的营销理念是当代企业营销活动的核心。这种理念不仅适应了市场经济的发展趋势,也符合消费者需求多样化和个性化的市场特征。企业要想在激烈的市场竞争中获得成功,就必须深刻理解并应用这一营销理念。

营销理念具有共存性特征。这反映了不同企业在同一时代内可能采用不同的营销策略和理念。虽然"以社会—顾客需求为中心"的营销理念被认为是现代市场经济的必然选择,但并非所有企业都已经完全采用这一理念。这种现象的存在主要有两方面原因。第一,我国地域辽阔,不同地区在地理、文化和经济发展水平上仍存在差异。在一些经济发展水平较低或市场发育程度不高的地区,产品供不应求的现象仍然存在。在这些地区,一些企业可能仍然采用"以企业利润为中心"的营销理念,更多关注的是如何提高生产效率,而不是深入挖掘和满足顾客需求。第二,在某些垄断行业或者完全的买方市场中,一些企业可能仍然坚持"以企业利润为中心"的营销理念,可能因为市场地位稳固、竞争压力较小等原因而没有充分认识到顾客导向营销理念的重要性。因此,在现代市场经济的背景下,我们可以看到两种截然不同的营销理念在同一个时间和空间中并存。一个是适应市场经济发展、注重顾客需求的现代营销理念;另一个是仍然以企业利润为中心、较少关注顾客需求的传统营销理念。这展现了市场经济的多样性和复杂性,也提示企业要根据自身所处的市场环境和发展阶段来选择适合自己的营销理念。

(四)现代五大营销理念

当前是一个商品生产发达的时代,商品生产发展,市场营销的竞争加剧。在竞争激烈的市场上,传统的以产品为中心进行生产和推销的营销观念已不适应时代的发展,企业如果仍然保持传统的市场营销理念会因缺少竞争力而被淘汰出局。因此,拥有现代市场营销理念是企业的制胜法宝之一。现代五大市场营销理念如图 3-1 所示。

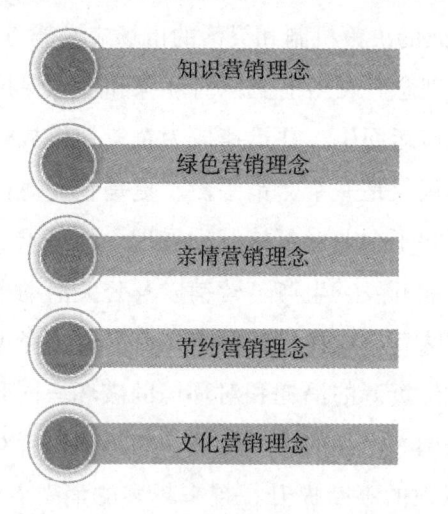

- 知识营销理念
- 绿色营销理念
- 亲情营销理念
- 节约营销理念
- 文化营销理念

图 3-1 现代五大营销理念

第一,知识营销理念。在当今知识经济时代,知识营销理念成为企业获得竞争优势的关键。知识经济的特点是以知识、信息和智力为核心的生产要素,在这个时代背景下,拥有知识营销理念的企业能够更有效地捕捉和利用这些新的生产要素,从而在市场竞争中占据有利地位。知识营销理念的核心在于将知识、智力和信息视为营销中的重要资源。这意味着企业在进行产品开发、宣传和公关活动时,不仅仅关注传统的物质资源和生产工艺,还要注重知识和信息的整合与运用。通过这种方式,企业能够创造出具有独特价值的产品和服务,满足消费者对高质量产品和个性化服务的追求。在产品宣传和公关中融入知识元素，可以有效提升企业的品牌形象和市场地位。例如，企业可以通过分享行业知识、新技术等，增强消费者对品牌的信任。同时，这种知识分享还能够吸引目标消费者，促进产品的市场推广和销售。知识营销还体现在对市场信息的敏锐捕捉和快速反应方面。在知识经济时代，市场变化迅速，消费者需求多变，企业需要通过持续的市场研究和数据分析，快速适应市场变化，不断调整和优化营销策略。这要求企业不仅有强大的信息收集和处理能力，还需要有高效的决策机制和灵活的市场应变能力。

　　第二，绿色营销理念。在当前全球对环保和生态保护日益重视的背景下，绿色营销理念应运而生，并迅速成为企业营销战略中不可或缺的一部分。绿色营销不仅仅是一个营销手段，更是企业对社会责任和环境保护的一种承诺，反映了企业对可持续发展理念的追求。绿色营销理念的核心在于企业在产品开发、生产、营销以及公关活动中坚持环保和生态保护的理念。这意味着企业在设计和生产产品时会考虑到产品的环境影响，力求减少对自然资源的消耗和对环境的破坏。同时，在营销和公关策略中，企业会强调其产品的环保特性，满足消费者对绿色消费的需求。随着人们环保意识的不断提升，越来越多的消费者开始选择绿色、环保的产品，这种消费观念的变化促使企业必须适应这一趋势，开发符合环保标准的产品，并通过绿色营销策略来吸引这部分消费者。例如，使用可回收材料的包装、减少生产过程中的碳排放、采用清洁能源等都是绿色营销的具体实践。绿色营销还有助于企业塑造良好的品牌形象。在公众越来越关注企业社会责任的今天，企业的绿色行动不仅能够提升其品牌价值，还能提升消费者对品牌的认可度和忠诚度。通过绿色营销，企业可以展示其对社会责任和环境保护的承诺，从而在激烈的市场竞争中脱颖而出。

　　第三，亲情营销理念。亲情营销理念是现代营销策略中的一种新理念，它强调的是在产品和服务中融入情感因素，尤其是亲情元素，从而满足消费者的情感需求。这种营销方式超越了传统的基于产品功能和价格的营销模式，更加注重与消费者建立深层次的情感联系。将亲情理念融入产品生产和企业服务，意味着企业在设计和提供产品时，不仅仅关注产品的功能和质量，还要考虑产品如何触动消费者的情感。例如，一些家用产品或服务可以通过设计和营销策略强调家庭团聚和亲情温暖的主题。超越顾客的期望并提供令消费者惊喜和感动的服务是亲情营销的关键。这种做法不仅能够提高顾客的满意度，还能提升顾客的品牌忠诚度。通过提供超出顾客预期的个性化和贴心服务，企业可以在消费者心中留下深刻的印象，从而建立长久的情感纽带。

第四，节约营销理念。在当前全球资源日益紧张的背景下，节约营销理念应运而生，它是企业提升市场竞争力的重要途径。节约营销的核心在于将节约资源的理念深入产品的营销全过程，从而响应社会对资源节约的呼声，实现政府构建节约型社会的目标。节约营销理念要求企业在产品设计和制造过程中，注重资源的有效利用和节约。这不仅包括原材料的节约使用，也涉及整个生产过程中能源的有效利用和废物的最小化。例如，改进传统包装方式，采用更环保、更节约材料的包装设计，不仅能减少资源浪费，也能提升产品的市场竞争力。节约营销还涉及通过采用先进的生产技术和方法来提高资源使用效率。企业可以通过学习和引入新的生产理论和技术，优化生产流程，提升资源使用效率，降低生产成本。这种方式不仅有利于企业的长期发展，也有助于环境保护。

第五，文化营销理念。文化营销理念是一种将文化元素融入产品营销的理念，它通过利用文化的力量来增强产品的吸引力和市场影响力。文化营销理念的核心在于理解和尊重人的社会性，以人为本，关注人的文化需求和情感体验。树立文化营销理念意味着为品牌和产品注入丰富的文化内涵，使其不仅仅是物质消费的对象，更是文化和情感体验的载体。开展文化营销的步骤通常包括以下几点。一是观察和分析当前的文化总体态势，理解社会文化的发展趋势和消费者的文化需求。这一步是文化营销的基础，有助于企业把握文化动向，为后续的策略制定提供方向。二是抓取与产品相关的关键文化观念。这意味着企业需要识别和利用那些能够与产品形象、属性或企业价值观相结合的文化元素。通过这种方式，产品能够与特定的文化观念相联系，从而在消费者心中形成独特的品牌形象。

二、目前企业营销理念存在的不足

当前企业营销理念虽广泛应用，但存在一些不足，如图 3-2 所示，不利于企业的长期发展。

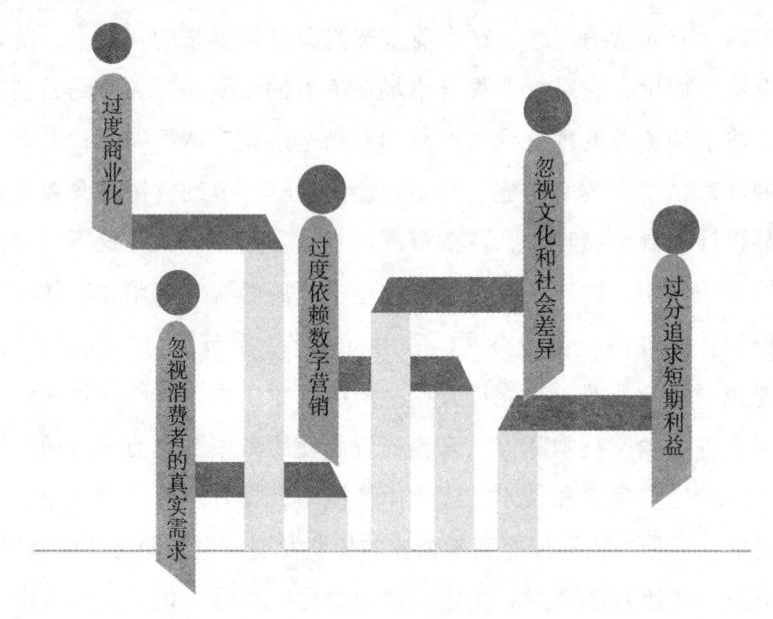

图 3-2 企业营销理念的不足或弊端

（一）过度商业化

在当前的商业环境中，一些企业在追求利润最大化的过程中，过度强调商业利益，而忽视了社会责任和道德规范。这种过度商业化的营销理念可能会在短期内带来经济利益，但从长远来看，它可能导致消费者不满，损害企业的品牌形象和声誉，最终影响企业的可持续发展。

过度商业化的表现之一是牺牲产品质量以降低成本和提高利润。一些企业可能采取降低原材料成本、简化生产流程等措施来减少支出。虽然这可能在短期内提高利润，但从长远来看，会降低消费者对品牌的忠诚度，进而影响企业的市场竞争力。

过度商业化体现在对市场营销策略的操纵上。一些企业可能通过夸大产品效果、误导性广告或隐瞒产品缺陷等方式来吸引消费者。这种不诚实的营销手段虽然可能在短期内吸引消费者，但一旦被揭露，将严重损害企业的公信力和品牌形象。

忽视社会责任也是过度商业化的体现。在追求利润的过程中，一些企业可能忽视对环境的保护、对员工的公正待遇以及对消费者权益的尊重。这种忽视不仅会导致社会责任的缺失，还可能引起公众的负面评价，甚至法律诉讼。

过度商业化的营销理念还可能导致企业文化的扭曲。当利润成为唯一目标时，企业内部可能会形成一种短期行为主导的文化，忽视长期的品牌建设和人才培养。这种文化最终会影响企业的创新能力和市场适应性。

对于消费者来说，过度商业化的营销活动可能导致消费者权益的损害。例如，通过不透明的价格策略、强制销售和欺诈性广告等方式误导消费者，这不仅违反了市场公平竞争的原则，也损害了消费者的利益。

（二）忽视消费者的真实需求

在当前的营销环境中，忽视消费者真实需求是一些企业面临的重要问题。当企业的营销活动主要基于内部目标和假设，而不是基于对消费者的需求分析时，就可能导致产品与市场需求不匹配，从而降低营销的效果和企业的市场竞争力。

在快速变化的市场环境中，消费者的需求和偏好是多变且复杂的。如果企业仅依赖传统的市场研究方法或过时的数据，可能无法捕捉到最新的市场动态，导致产品开发和营销策略与消费者的需求脱节。如果企业不深入理解特定消费群体的独特需求，而是盲目模仿竞争对手或追求行业普遍趋势，就可能生产出缺乏特色的产品。这不仅难以满足消费者的个性化和差异化需求，也会降低品牌在市场上的独特性和吸引力。

忽视消费者需求的营销策略还可能导致资源浪费。企业在营销活动中投入了大量的时间和资金，如果这些活动无法引起目标消费者的兴趣或满足他们的需求，这些资源的投入就无法产生预期的回报。这种资源的浪费不仅影响企业的经济效益，也可能导致企业错失其他市场机会。如果企业不重视消费者的建议，就会失去改进产品和服务、提升顾客满意度的机会。长期而言，这种策略可能导致顾客流失，损害企业的形象。

（三）过度依赖数字营销

随着数字技术的飞速发展，数字营销已成为现代企业的主要营销手段之一。它以高效、精准、易跟踪和成本效益高等优势，受到了众多企业的青睐。然而，过度依赖数字营销也带来了一系列问题，尤其是忽视了传统营销渠道和人际交流的重要性，这种单一化的营销策略可能无法覆盖所有目标顾客。过度依赖数字营销可能导致企业忽视传统营销渠道的价值。虽然数字营销可以覆盖广泛的受众，但电视、广播、平面媒体和线下活动等传统营销渠道仍然在特定人群和市场中发挥着重要作用。特别是对于那些不经常使用互联网的人群，如老年人或某些地区的消费者，传统营销渠道是接触他们的有效方式。过度专注数字营销可能忽略了人际交流。数字营销的自动化和标准化虽然提高了效率，但可能缺乏人性化的互动。在某些情况下，直接的人际交流和面对面的沟通能够建立更深层次的顾客关系和信任，尤其是在高价值的产品销售或服务中。过度依赖数字营销也可能导致对市场细分和个性化营销的忽视。虽然数字营销能够实现广泛的覆盖和精准定位，但它可能无法完全理解和满足特定顾客的多样化需求。传统营销渠道通过更深入的市场细分和个性化策略，可以更好地满足这些需求。数字营销通常依赖数据分析来指导营销策略的制定，这可能使企业过于依赖数据驱动的决策，忽视创意和直觉的重要性。在某些情况下，独特的创意和非传统的营销方法可能更吸引消费者。

（四）忽视文化和社会差异

在经济全球化的商业环境中，企业面临着跨越不同国家和地区的营销挑战。然而，一些企业在进行营销时，未能充分考虑到目标市场的文化和社会差异，采用了"一刀切"的营销策略。这种忽视文化差异的做法可能导致文化冲突、市场抵制，甚至损害品牌形象。不同文化背景的消费者可能对相同的营销信息有完全不同的反应。例如，某些广告策略在一个国家可能非常成功，但在另一个国家可能被视为不恰当或冒犯性的。如果营销策略未能适应当地文化习俗和价值观，就可能引起消费者的反感，导致产品被市场抵制。

社会结构和消费习惯的差异也是企业在营销时需要考虑的因素。不同国家和地区的社会结构和消费习惯可能截然不同。例如，家庭结构、社会地位、消费能力和购买决策过程等方面的差异都会影响营销策略的制定。忽视这些差异可能导致营销活动无法触及目标群体，甚至引发消费者的反感。企业在营销中还需考虑到法律和伦理标准的差异。不同国家和地区的法律法规、商业习惯和伦理标准可能有很大不同。忽视这些差异可能导致企业面临法律风险，损害其在当地市场的声誉。

部分企业忽视文化和社会差异，可能会导致企业错失本土化机会。本土化策略能够帮助企业更好地适应当地市场，与当地消费者建立更深层次的联系。通过对产品和营销策略进行本土化调整，企业可以更好地满足当地市场的特殊需求，提高顾客的品牌忠诚度。

（五）过分追求短期利益

在现今竞争激烈的商业环境下，部分企业为了迅速提高销售量和利润，过度专注短期利益，忽略了品牌建设和客户关系的维护。这种重视短期利益而忽视长远发展的营销策略虽然可能一时带来销售量的增加，但从长期角度来看，可能对企业的稳定发展造成负面影响。过分追求短期利益可能会降低产品和服务的质量。为了迅速提高销售量和利润，一些企业可能在生产和服务过程中采取降低成本的措施，如使用成本较低的原料，减少员工培训，等等。尽管这样做在短期内可能减少支出，但从长远来看，可能会削弱消费者对品牌的信任和满意度，影响企业的市场竞争力。过度注重短期利益可能导致忽视品牌的长期建设和客户关系的维护。品牌价值和客户关系是企业获得成功的关键，需要持续投资和维护。仅追求短期销售推广可能会快速提升销售量，却不利于品牌价值和客户忠诚度的提升。这种策略可能导致企业在未来的市场竞争中处于不利地位。过分追求短期利益可能导致企业市场策略频繁变动，缺乏稳定性。为了实现短期销售目标，企业可能频繁更换市场定位、产品策略或促销方式，这种频繁变化可使消费者对品牌的认知产生混淆，影响品牌形象的稳定性和连贯性。过分追求短期利益也可能使企业忽略研发和创新的重要性。持续的产品创新和服务创新是企业长期保持较强竞争力的关键，需要资金的长期投入。如果企业只关注短期销售量和利润，可能会减少对新产品研发和技术创新的投资，影响企业的长期发展和市场竞争力。

三、数字经济背景下企业营销的具体路径

数字经济背景下的企业营销应该是全面的、数据驱动的，同时注重客户体验和持续创新。只有这样，企业才能在数字经济时代成功地达成其营销目标。

（一）推动企业营销策略数字化转型

在数字经济时代，企业的营销策略必须进行数字化转型以适应市场的快速变化。全面拥抱数字化意味着将数字技术深度融入营销的每一个环节，从而高效地理解市场动态、提升品牌知名度并拓宽销售渠道。

数字化转型的核心在于数据的应用。企业可以通过收集和分析大量的市场和消费者数据，深入了解消费者的购买行为、偏好和需求。这些

第三章　数字经济背景下企业营销转型的战略规划

数据不仅来源于企业内部，如销售记录和客户反馈，也来自外部，如市场趋势研究。通过高效的数据分析，企业可以更准确地预测市场趋势，制定更有针对性的营销策略。

社交媒体提供了一个与消费者直接互动的渠道，企业可以通过社交媒体发布有吸引力的内容，塑造品牌形象，增强与消费者的联系。同时，社交媒体的广告系统允许企业根据用户的兴趣和行为进行精准定位，提高广告的有效性。此外，数字广告不仅可以发布于社交媒体，还可以通过搜索引擎广告、电子邮件等多种形式展示，这些都是提升品牌曝光率的重要手段。

随着在线购物的普及，企业应可以利用电子商务平台来拓展销售渠道。这不仅包括建立自己的在线商店，还包括利用第三方电子商务平台，如亚马逊、天猫等。通过这些平台，企业可以接触到更广泛的消费群体，同时利用平台提供的数据分析工具来优化产品推广和价格策略。

移动营销是数字化转型不可忽视的部分。随着智能手机的普及，消费者越来越多地通过移动设备访问互联网和社交媒体。因此，企业的营销策略需要优先考虑移动设备用户的体验，这包括优化移动应用程序和网站的用户界面，开发针对移动用户的特定营销活动等。

数字化转型还意味着利用新兴技术来提升营销效果。例如，通过增强现实和虚拟现实，企业可以提供更加沉浸和互动的购物体验。人工智能则可以用于个性化推荐、自动化客户服务和市场分析。

（二）进行详细的客户数据分析

通过深入分析客户数据，企业可以洞察消费者行为和偏好，从而制定更有效的营销策略。

企业要通过多种渠道收集数据，包括在线购物平台、社交媒体、客户反馈调查、线下活动等。重要的数据类型包括购买历史、浏览习惯、产品偏好、反馈和评论等。企业还应注意数据的合法性和隐私保护，确保在收集和使用数据时遵守相关法律法规。

通过数据分析工具和算法，可以揭示客户行为模式、偏好趋势和潜在需求。例如，通过分析购买历史和浏览行为，企业可以识别出最受欢迎的产品和服务，或者发现特定客户群体对某类产品的偏好。这有助于企业在未来的产品开发和营销活动中作出更精准的决策。

要基于客户数据的细分和市场定位实现个性化营销，根据客户的不同特征（年龄、性别、地理位置、消费习惯等）将客户分为不同的细分市场。然后，企业可以为每个细分市场定制具体的营销策略，以满足不同客户的特定需求。

企业还可以利用客户数据来实现个性化推荐和定制服务。通过分析客户的历史购买和浏览数据，企业可以向客户推荐可能感兴趣的产品或服务，或者提供定制化的购物体验。例如，电子商务网站可以根据用户的浏览历史和购买记录推荐相关商品，提高购物的便利性和吸引力。企业还可以通过数据分析优化营销活动的设计和执行。例如，通过分析不同营销渠道和活动的效果，企业可以了解哪些渠道和活动最能吸引目标客户，从而优化营销预算的分配和资源的利用。要持续的数据监测和分析，定期回顾和分析营销活动的效果，包括销售数据、客户反馈、网站流量等，以持续优化营销策略和活动。

（三）发展移动优先策略

随着智能手机和平板电脑用户数量的持续增长，发展移动优先策略成为企业营销规划中不可或缺的一部分。优先考虑移动设备用户的体验，可以帮助企业更好地接触和服务广大的移动用户群体，提高营销活动的有效性。

企业要优化网站和应用程序的移动版，应确保其网站和应用程序在移动设备上拥有良好的用户体验，包括快速的加载速度、简洁清晰的布局、易操作的界面以及与移动设备兼容的功能。网站和应用程序的设计应考虑到触摸屏操作的特点，简化导航流程，优化按钮和链接的大小，确保用户可以轻松地在移动设备上浏览和操作。

要通过移动营销直接接触目标客户,移动营销包括多种形式,如短信营销、移动应用广告、社交媒体营销等。例如,企业可以通过短信发送促销信息和优惠券,利用移动应用广告在目标用户的应用中展示品牌信息,或者在社交媒体上发布针对移动用户的特定内容。

企业还应考虑发展移动电子商务功能。随着移动购物的普及,企业可以通过优化移动购物体验来吸引和留住客户。这包括简化移动购物流程、提供多样的支付选项、优化移动端的搜索和筛选功能等。同时,企业可以通过移动应用程序来提升客户的品牌忠诚度。移动应用程序不仅是销售和推广的渠道,也是增强客户互动和参与的平台。通过移动应用程序,企业可以提供个性化推荐、忠诚度奖励计划、客户服务支持等功能,增强与客户的关系。还应利用移动数据分析来优化营销策略。通过分析移动用户的行为数据,如应用使用情况、浏览历史和购买记录,企业可以更准确地了解移动用户的需求和偏好,据此调整和优化营销策略。

(四)要实现多渠道融合营销

企业要实现有效的多渠道融合营销,首先要构建一个统一的品牌形象,确保无论消费者通过哪个渠道接触品牌,都能获得一致的品牌体验。这包括在网站、社交媒体、移动应用程序及实体店铺中保持一致的视觉风格和信息传达。同时,企业应关注线上线下体验的无缝连接,如客户可以在线上浏览产品信息,然后在实体店中实际体验和购买,或者在实体店试穿后在网上完成购买。

企业应充分利用数据分析工具,收集和分析来自不同渠道的客户数据,如购买历史、浏览行为和偏好等,以洞察消费者行为模式,为不同的客户提供个性化的产品和服务。这种基于数据的洞察可以帮助企业在正确的时间、通过正确的渠道向正确的客户推送最合适的营销信息。

企业要强化线上到线下的营销策略,通过线上的营销活动吸引顾客到线下店铺体验和购买。例如,可以通过线上广告推广线下的特卖活动,或者通过社交媒体发布线下活动信息,引导顾客参与活动。为了提高跨渠道营销的效率,企业应该采用适合的技术工具,如移动支付、增强现实等,来提高线上线下互动的趣味性和便捷性。此外,企业还应重视线上线下客户服务的一致性,确保顾客在任何一个渠道上都能得到及时、有效的帮助和支持。

企业要持续监测和评估多渠道营销策略的效果,根据市场反馈和消费者行为的变化,及时调整和优化营销策略。这包括对销售数据、客户反馈信息和市场趋势进行定期分析,以确保营销策略有效。

第二节 确定企业营销数字化转型的战略与目标

一、企业营销数字化转型战略与目标的制定意义

企业营销数字化转型不仅是技术层面的更新,更是企业战略、文化和流程的全面升级,对提升企业的整体竞争力和促进企业发展具有深远意义。

(一)有利于提高数据安全性

在数字经济时代,企业进行数字化转型时做好数据安全保护工作具有重要意义。随着企业越来越多地依赖数字化操作和数据驱动的决策,客户数据的安全性和客户的隐私保护成了关键。企业通过加密技术、安全协议和严格的数据访问控制等措施,可以有效地保护客户信息不被泄露或滥用,从而增强客户对品牌的信任和忠诚度。遵守数据保护法规对企业规避法律风险至关重要。随着全球各地对数据安全和个人隐私的法律要求日益严格,企业必须确保其数据处理和存储的做法符合相关法律

第三章　数字经济背景下企业营销转型的战略规划

法规，以免面临巨额罚款和声誉损失。数据安全保护措施的应用可以帮助企业抵御日益增长的网络安全威胁，如病毒攻击、黑客入侵和钓鱼邮件等。通过建立强有力的网络安全防御体系和制订应急响应计划，企业可以保护其关键商业信息和运营系统的安全，维持业务的正常运行。

（二）有利于提升客户的满意度

数字化转型通过提供更加便捷、个性化和互动的在线体验来实现。数字技术的应用，大大提高了消费者的消费便利性。消费者可以随时随地通过手机或电脑浏览和购买产品，甚至通过数字工具获得即时客户支持和服务。这种便捷性极大地提升了消费者对品牌的满意度。数字化转型也使得个性化服务成为可能。通过分析客户的在线行为和购买历史，企业能够提供个性化的产品推荐和营销信息。例如，基于客户的购买历史，企业可以向其推荐相关产品或提供特定的优惠，这种个性化体验能使客户感受到企业的关注和重视，从而提高满意度和忠诚度。

（三）有利于促进跨部门协作

数字化转型在促进跨部门协作方面发挥着重要作用，特别是在实施数字化营销策略时。

通过跨部门合作，企业能够实现信息共享。不同部门通过数字平台和工具，如企业资源规划系统、客户关系管理软件等，可以实时共享数据和信息，这样有助于打破信息孤岛，确保各部门在相同的信息基础上作出决策。

跨部门协作促进了工作流程的整合。例如，营销团队可以直接通过数字工具与销售团队共享市场活动的反馈信息，销售团队的销售数据又可以反馈给营销团队用于调整策略。

跨部门协作还可以提升整个组织的反应速度和灵活性。在数字化的环境下，市场变化迅速，企业需要快速适应这种变化。通过跨部门的紧密合作，企业可以迅速集结不同部门的力量，共同应对市场变化，从而提升组织的灵活性和适应能力。

跨部门协作还有助于促进交流。不同部门的团队成员在合作过程中，可以相互启发，交流想法，这有利于推动企业的创新发展。

（四）有利于拓展市场

在传统市场营销模式中，地理界限是企业扩张的一个主要障碍。然而，随着数字技术的发展，尤其是互联网和移动通信技术的普及，这一障碍正在迅速消失。企业通过数字平台，如社交媒体、电子商务网站和移动应用程序，可以轻松触及全球消费者。

数字化营销要求企业以更低的成本和更高的效率进入新的市场。通过线上广告和社交媒体营销，企业可以精准地定位并吸引海外目标客户，而无须在每个国家或地区都成立公司。此外，数字化工具提供了丰富的数据分析功能，能帮助企业理解不同消费者的行为和需求，从而制定有效的本地化营销策略。

数字化营销有助于提升品牌的国际影响力。通过在线内容营销、社交媒体互动和数字公关活动，企业可以塑造良好的品牌形象，提升品牌在国际市场上的知名度和吸引力。数字化营销为企业提供了机会，使其能够更容易、更高效地拓展全球市场。这不仅包括更广泛的市场覆盖和更高效的市场进入，也涉及更深入的市场分析和更精准的客户定位，从而助力企业在全球竞争中获得优势。

二、确定企业营销数字化转型战略与目标的方法

确定企业营销数字化转型战略与目标的方法涉及多个步骤，可以通过以下方式进行。

（一）评估当前状态

这一评估过程应全面考虑企业在数字化方面的现状，包括营销策略、技术基础、数据管理以及团队能力等多个方面。

对现有营销策略的评估涉及对当前营销活动的绩效分析，包括哪些活动取得了成功、哪些没有达到预期效果。这需要分析营销渠道的有效

性、客户反馈信息、市场占有率等。还需评估企业的市场定位和品牌信息的一致性，以及这些因素如何影响客户感知和企业声誉。

在技术基础设施方面，企业需要评估现有的信息技术资源，包括营销自动化工具、客户关系管理系统、数据分析平台等。这涉及评估这些技术的现代性、效率、可扩展性以及它们是否满足当前和未来营销需求。在数据管理能力方面，重点是评估企业对客户数据的收集、存储、分析和使用能力。有效的数据管理是数字化营销的核心，包括数据的准确性、可访问性、安全性以及如何利用数据来提升营销决策的质量。

团队技能的评估也至关重要。这包括分析营销团队在数字技能方面的能力，如内容创作、数字媒体广告、社交媒体管理、数据分析和解读等。评估是否有必要提供额外的培训或招聘具有特定技能的新员工，以支持企业营销数字化转型。评估过程还应涵盖对企业文化和内部流程的审视。企业文化对企业营销数字化转型至关重要，需要一个鼓励创新、适应变化和接受新技术的环境。内部流程，如跨部门沟通和协作机制，也应支持快速、灵活的营销决策。

（二）明确转型目标

在制定目标时，企业应基于之前的全面评估结果，考虑到自身的优势、市场机会以及潜在的挑战。

要将提升客户参与度作为目标之一，企业可以通过各种数字化手段，如通过社交媒体互动、个性化的内容营销或者高质量的在线客户服务，实现此目标。具体的衡量指标可能包括社交媒体上的互动次数、网站访问量、电子邮件营销的回应率等。

要将增加在线销售作为目标之一，涉及优化电子商务平台的用户体验，提供更加便捷的支付选项，以及通过数字营销活动进行更多的在线交易。衡量这一目标的关键指标包括在线销售额、网站转化率或者电子商务平台的用户留存率。

要将改善客户体验作为目标之一，企业要确保其数字平台能提供愉悦的用户体验。这可能包括网站的导航优化、移动应用程序的用户体验设计以及个性化的产品推荐。相关的衡量指标可能包括客户满意度调查结果、重复购买率或客户留存率。

（三）制订发展规划

企业要明确哪些技术投资对实现其数字化转型目标具有帮助，从而选择合适的技术平台和工具。

在数据策略方面，企业需要制订明确的计划来收集、管理和分析客户数据，还要制订数据分析计划，以便从大量数据中提取有价值的信息，指导营销决策和优化客户体验。企业应制订计划来创建、发布和管理吸引人的内容，包括确定目标受众、制定内容主题和格式、安排发布时间表，以及如何在不同的数字渠道上进行内容分发和推广。内容应具有高度相关性和价值，能够引起目标客户的兴趣和参与。

企业应考虑通过哪些渠道接触目标客户，每个渠道的选择应基于其能够提供的覆盖范围、预期的投资回报率等。企业还要考虑如何整合和协调各渠道中的营销活动，包括确保各渠道的相互支持和补充等。例如，社交媒体营销可以与电子邮件营销和在线广告协同工作，以增强整体营销效果。

（四）选择技术和工具

在企业营销的数字化转型过程中，选择合适的技术和工具至关重要。首先，内容管理系统是核心，它允许企业高效地创建、管理和发布各种形式的内容。好的内容管理系统应易使用、支持多媒体内容，并具备较强的搜索引擎优化能力。客户关系管理软件则集中进行客户信息的管理，以使企业追踪客户并了解客户的需求。一个好的客户关系管理系统应具备强大的数据分析和客户行为跟踪功能。要选用准确、高效的数据分析工具，帮助企业识别市场趋势和客户偏好，从而制定更精准的营销策略。要确保营销自动化平台和营销活动的一致性，尤其在电子邮件营销、社交媒体管理和线上广告等方面。一个好的自动化平台应易集成、操作简单,并提供详细的效果追踪和报告功能。企业在选择技术和工具时,应考虑其与现有系统的兼容性、预算以及团队的能力,以确保所选技术和工具既满足营销需求又能被团队有效利用。简而言之,正确的技术和工具选择对实现数字化营销目标至关重要,它们能帮助企业提升运营效率,了解客户需求,优化营销活动。

第三节 建立健全企业数字化营销组织

一、营销组织及其重要性

营销组织是企业中的核心部分,主要负责市场研究、产品推广、销售策略的制定和客户关系管理等多方面工作。营销组织的目标是通过有效的市场沟通,了解并满足客户需求,提供产品或服务,从而实现企业的商业目标。

市场研究是营销组织的基础工作之一。市场研究团队通过收集和分析数据,了解市场趋势、消费者偏好、竞争对手的情况以及潜在的市场机会。这些信息对指导产品开发、定价策略的制定和营销活动的开展至关重要。产品推广是营销组织的另一个重要职能。这包括了解消费者需求,并据此设计吸引人的广告和促销活动。通过不同的渠道,如社交媒体、电视广告、线上线下活动等,营销组织致力提高品牌知名度和产品的市场占有率。销售策略也是营销组织不可或缺的一部分。销售团队需要制订有效的销售计划,以达到或超过销售目标。这通常涉及销售渠道的选择、销售团队的培训和激励机制的设置等。营销组织还要与客户维持长期稳定的关系,通过各种方式与客户保持互动,如客户服务、定期沟通和客户反馈信息收集等。通过这些活动，企业能更好地理解客户的需求和期待，从而提供更加个性化的产品和服务。

随着数字经济时代的到来，营销组织面临着新的挑战和机遇。数字营销成为重要的一环，涵盖搜索引擎优化、社交媒体营销、内容营销、电子邮件营销等多个方面。数字工具不仅提高了营销效率，也使得市场分析和客户定位更加精准。营销组织是连接企业与市场、产品与消费者的桥梁。它通过不断创新和适应市场变化，推动企业发展。一个高效的营销组织不仅能够有效地推广产品和服务，还能在竞争激烈的市场中为企业赢得优势。

二、建立健全企业数字化营销组织的具体路径

(一) 制订数字化战略规划

在当前的商业环境中，制订一个全面的数字化战略规划是建立健全数字化营销组织的第一步。这个过程可以被视为企业适应数字经济时代的一种转型，旨在利用数字技术推动企业发展。

要明确目标，这些目标应与企业的总体战略规划紧密结合，以确保所有的数字化努力都能够支持企业的长期愿景和目标。例如，如果企业的总体目标是市场扩张，那么数字化战略规划可能会重点放在通过在线渠道开拓新市场和客户群上。如果企业的重点是提高品牌认知度，数字化战略规划可能会更侧重社交媒体推广和内容营销。

要进行深入的市场研究，有必要了解和分析目标市场的特性、客户需求、消费者行为趋势以及竞争对手的策略。例如，通过分析目标客户的在线行为模式，企业可以更好地了解他们的需求和偏好，从而设计更有效的数字营销策略。同时，通过对竞争对手的数字化策略的分析，企业可以发现市场上的缺口和机会，以便制定差异化的策略。

要进行资源评估，对企业当前的人力资源、技术基础设施、财务状况和组织文化进行全面评估。例如，一个拥有充足技术人才和先进信息

第三章 数字经济背景下企业营销转型的战略规划

技术基础设施的企业可能会更快地实施复杂的数字化策略。反之，资源有限的企业可能需要寻找成本效益更高的数字化解决方案。

要推动技术基础建设，应选择合适的技术工具和平台，如数据分析工具、客户关系管理系统、自动化营销平台等。技术的选择应基于企业的具体需要和预算，并考虑到未来的可扩展性。确保技术的集成和优化对提高效率和实现流程自动化至关重要。例如，通过集成客户关系管理系统和营销自动化工具，企业可以更有效地管理客户信息和开展营销活动。

在制订数字化战略规划时，还要考虑到员工的培训和文化适应。数字化转型不仅仅是技术的改变，更是一种文化和思维方式的转变。员工需要通过培训，掌握新的数字工具和方法。

（二）选择合适的数字技术平台

在当前的商业环境下，挑选合适的数字技术平台对企业数字化营销战略规划的制订至关重要。

企业要考虑多种因素，首先清晰地界定自己的营销目标和策略，这将直接影响到所需技术工具的选择。比如，如果一个企业的重点是提升客户关系管理的效率，那么一个功能强大的客户关系管理系统就尤为必要。同样，如果企业希望通过数据驱动的方式来优化其营销活动，有一个高效的数据分析工具就格外重要。客户关系管理系统是数字化营销中非常常见的工具。它不仅帮助企业管理客户信息，还能追踪客户的互动历史，从而提供个性化的客户服务和营销活动。此外，许多客户关系管理系统还内置了营销自动化功能，能使企业更高效地开展复杂的营销活动。

要选择合适的数据分析工具，这类工具能帮助企业收集和分析来自各种渠道的海量数据。通过对这些数据的深入分析，企业能够获得宝贵的信息，从而指导营销策略的调整和优化。

要合理运用内容管理系统，它让发布、编辑和管理网站内容变得更加容易。对于依赖内容营销的企业而言，一个优秀的内容管理系统可以大幅度提升工作效率，同时确保内容的一致性和质量。除选择合适的工具外,技术的集成与优化也至关重要。理想情况下,所有的数字化营销工具都应该能够与企业现有的信息技术基础设施无缝集成,以保证数据的顺畅流通和工作流程的高效运行。例如,内容管理系统和数据分析工具的集成可以使企业更快地从客户互动中提取有价值的信息,并将这些信息有效地运用到营销策略的制定中。

随着企业环境和市场的变化,数字技术平台的持续优化也是必不可少的环节。这包括定期评估现有工具的效果,以及根据企业发展和市场变化进行相应的调整。例如,随着企业对数据分析需求的增长,可能需要升级数据分析工具,以处理更多的数据并提供更深入的分析。总而言之,选择合适的数字技术平台并确保其与企业现有系统的无缝集成,是数字化营销成功的关键。这不仅涉及技术选择,还包括对工作流程、数据管理和员工技能的综合考量。通过对这些方面的全面规划,企业可以最大化数字化技术的投资回报,从而在激烈的市场竞争中取得优势。

(三)完成数字化组织架构设计

完成数字化组织架构的设计,能够确保各个团队和部门高效合作,同时充分发挥每个人的专长和能力。

要设计适合数字化营销的组织架构,还需要预见未来的发展方向。这意味着组织架构需要具有一定的灵活性,以适应快速变化的市场和技术环境。明确不同团队和部门的职责是构建高效组织架构的基础。例如,一个典型的数字化营销部门可能包括内容创作、社交媒体管理、数据分析、搜索引擎优化和客户关系管理等方面的团队。每个团队都应有明确的职责和目标,同时与其他团队紧密协作,共同推进营销战略的实施。在此基础上,组织架构的设计还应考虑到工作流程的合理安排。这包括确定决策流程、沟通渠道和工作交接的机制。例如,数据分析团队可能需要与内容创作团队紧密合作,以确保内容策略能够基于数据洞察来优化。

要制订科学的人才招聘与培训方案。随着数字化营销领域的不断发展,招聘具备多种技能的人才变得越来越重要。这不仅包括具有传统营销技能的人才，还包括懂得数据分析、数字内容创作、搜索引擎优化和社交媒体管理等领域的专家。招聘时，除考虑候选人的技术技能外，还应考虑其创新思维和团队合作能力，因为这些素质对在快速变化的数字环境中取得成功至关重要。

对现有员工进行数字化营销相关的培训也是不可忽视的环节。随着数字技术的快速发展，即使是经验丰富的营销人员也需要不断更新其知识和技能。培训内容可以包括新兴的数字营销工具和平台的使用、数据分析方法等。除技术技能的培训外，还应加强对数字化思维和创新能力的培养。这可以通过研讨会、在线课程或与行业专家的合作等方式来实现。

（四）完善数字化策略的制定

一个有效的数字化策略应涵盖内容策略和多渠道策略两个主要方面，以确保企业在各数字平台上有效地与目标受众沟通和互动。

内容策略的核心在于制订一个全面的计划，明确指导企业如何创造、发布和管理内容，以吸引和留住目标受众。企业需要确定适合其品牌和受众的内容类型。这可能包括博客文章、视频、图像、信息图表等多种形式。每种内容类型都有其独特的优势和适用场景，因此选择合适的内容类型对吸引特定受众至关重要。内容的风格也需要与企业的品牌形象和目标受众的偏好保持一致。例如，年轻受众可能更喜欢轻松幽默的内容，专业人士可能更倾向严肃和信息密集的内容。此外，内容的质量必须得到保证，高质量的原创内容不仅能提高品牌的可信度，还有助于提升搜索引擎排名。发布频率的确定也是内容策略中的一个重要方面。企业需要找到一个平衡点，既能保持内容的新鲜感和相关性，又不至于让受众感到信息过载。定期发布内容能够帮助企业建立稳定的受众群体，并促进品牌与受众之间的互动。

在多渠道策略方面，企业需要在数字平台上，以不同的营销手段实施协调一致的营销活动。在社交媒体上，企业可以通过定制内容来吸引不同平台的用户。例如，在视觉驱动的平台上发布高质量的图片，在信息密集的平台上分享行业知识和专业文章。电子邮件营销是与目标受众建立直接联系的有效方式。通过定期发送促销信息、定制内容，企业可以在保持品牌曝光度的同时，提供更加个性化的体验。电子邮件内容的个性化和电子邮件的定时发送可以基于用户的行为和偏好，从而提高用户的点击率。搜索引擎优化是提高网站在搜索引擎中的可见性的关键。通过优化网站内容、提高关键词排名和改善用户体验，企业可以吸引更多有意向的访客。此外，企业还可以通过在线广告，提高品牌的在线曝光率，吸引潜在客户。

（五）落实数字化策略

落实数字化策略是建立健全数字化营销组织的最后一步，要求企业不仅要精确地实施营销活动，还需要通过数据收集与分析来评估这些活动的效果，并基于数据进行优化和迭代。

企业要根据之前制定的内容策略和多渠道策略来开展各种数字化营销活动。比如，企业可以在社交媒体上发布定制化的内容、通过电子邮件与客户保持联系、在网站上进行搜索引擎优化以提高搜索排名，以及通过在线广告吸引新客户。开展这些活动时，企业要确保所有活动都与企业的总体营销目标和品牌形象保持一致，同时要灵活调整以适应不断变化的市场环境和消费者行为。

企业要进行数据的收集与分析。通过收集来自不同渠道的数据，如社交媒体互动数据、网站流量、电子邮件打开率和点击率等，企业可以知道其营销活动开展的效果。例如，通过分析社交媒体上的互动数据，企业可以了解哪些类型的内容最受欢迎，从而指导未来的内容创作。同样，通过分析网站流量和用户行为，企业可以了解用户的偏好和需求，进而优化网站设计和内容布局。还要进行绩效监测，企业需要设定合适的关键绩效指标来衡量营销活动的效果。这些指标可能包括网站访问量、社交媒体互动数据、转化率等。通过持续监测这些指标，企业可以及时了解其营销活动的开展效果，并在必要时进行调整。

三、建立健全企业数字化营销组织的禁忌事项与解决方案

建立健全企业数字化营销组织,需要避免一些常见的禁忌事项,以确保营销活动的有效性,促进企业可持续发展。

(一)忽视数据安全

随着越来越多的企业依赖数字化操作和在线数据,用户数据的安全性和隐私保护成为维护企业声誉和客户信任的关键因素。

企业在收集、存储和处理客户数据时,必须严格遵守相关的法律法规,采取适当的安全措施,以防止数据泄露或滥用。数据泄露不仅可能导致直接的经济损失,更可能导致严重的信誉损失和客户信任的下降。在数字经济时代,客户对个人信息的安全很敏感,一旦企业发生数据泄露事件,不仅可能面临巨额的罚款和法律诉讼,还可能长期损害品牌形象。因此,确保数据安全是企业保持较强竞争力的重要策略。

为了保障数据安全,企业要采取多层次的安全措施。在技术层面,企业应加大安全基础设施建设,如设置防火墙、部署入侵检测系统和应用数据加密技术。同时,企业要定期进行安全漏洞扫描和修补,确保所有系统都能抵御最新的安全威胁。在组织层面,企业需要采取强有力的数据安全保护措施。这包括制定明确的数据处理规程、对员工进行数据安全和隐私保护的培训,以及定期审查和更新数据安全规范,确保其符合最新的法律法规和行业标准。企业还应建立应急响应机制,以便在发生数据泄露时迅速采取行动,最小化损害。这包括及时通知受影响的用户和相关监管机构,并采取必要措施来阻止进一步的数据泄露。

(二)缺乏明确的数字化战略

在当今的商业环境中,缺乏明确的数字化战略是企业在进行数字化营销时经常犯的错误。这种缺乏目标和方向的做法往往会导致资源的浪费。没有一个明确的数字化战略,企业可能会在数字化营销的海洋中迷失方向。这可能表现为盲目地追随最新的营销趋势,而不考虑这些趋势

是否适合自己的业务需求和目标受众。例如，一个专注 B2B 市场的企业不需要花费大量资源在广泛的社交媒体活动上，而是应更加专注专业网络和内容营销。没有清晰的数字化战略，企业在分配营销预算时可能无法作出最有效的决策。其可能会在不合适的渠道上浪费太多时间和精力，或者在没有充分准备的情况下投入新技术，从而导致预算的浪费和低效的投资回报。而一个明确的数字化战略可以帮助企业确定其市场定位，理解目标受众，以及设定可量化的目标，从而确保所有的数字化营销活动都能够有效地支持企业的总体业务目标。

（三）忽略用户体验

好的用户体验会直接影响用户留存率以及最终的转化率。忽略用户体验可能会导致访客快速离开网站（高跳出率）和低下的用户参与度（低转化率）。如果用户在使用网站时感到困惑或者等待时间过长，他们很可能会感到沮丧并离开。因此，企业需要定期对网站进行优化，确保它们在各种设备上都能流畅运行，特别是在移动设备上的表现，因为越来越多的用户通过手机等移动设备上网。内容的相关性和吸引力对激发用户兴趣至关重要。企业应确保其网站上的内容不但与其产品或服务紧密相关，而且能够吸引目标受众。这包括高质量的图像和视频、引人入胜的文本内容，以及与用户偏好和需求相匹配的个性化推荐。此外，保持最新内容也是激发用户兴趣的关键，过时的内容往往会使用户对网站的信任度下降。

第四章　数字经济背景下企业营销渠道的多元化

第一节 传统媒体渠道

一、传统媒体

传统媒体，如电视、广播、报纸和杂志等，长久以来一直是信息传播和广告发布的主要渠道，对社会和文化的发展有深远影响。

（一）传统媒体的定义

"媒体是产业发展的催化剂，产业在通过媒体的传播后，能够提高社会对其产业认知度，而没有媒体声音的产业是不完整的，因为媒体声音的大小也会促使相关产业的社会影响力发生变化。"[1]可见，媒体对于产业发展极其重要。在时代发展的历程中，媒体经过了从传统到现代的转化过程，传统媒体是一切媒体的基础。"所谓传统，是相对新兴而言的，是一个相对概念，具有连续性的特点，是一个不间断、不断发展向前推进的过程。"[2]

从人们比较广泛接受的层面来看，"传统媒体是相对于近年兴起的网络、电子媒体而言的，是指以传统的大众传播方式（纸质发布、声音或图像传播等形式）定期向社会公众发布信息或提供教育娱乐的交流活动

---

[1] 邬厚民、朱恺文、戴运筹：《游戏与电子竞技概论》，中国铁道出版社有限公司，2020，第172页。
[2] 郑庆君、向琼、张春燕：《汉语新媒体语篇的互文性研究》，暨南大学出版社，2021，第40页。

的媒体形式"①。

传统媒体和多媒体各有其优势和局限，它们在现代社会中共同发挥着重要的作用。虽然数字化和多媒体技术的发展改变了人们获取信息的方式，但传统媒体仍然是信息传播和公众教育的重要渠道。未来，随着技术的进步和媒体环境的演变，传统媒体和多媒体之间的融合和互补将成为信息传播的一个重要趋势。

（二）传统媒体的主要类别

传统媒体以其历史悠久、覆盖面广的特点，承载着信息传播和文化传承的重要角色，一般分为电视、广播、报纸三种媒体。

"电视媒体是指以电视为宣传载体，进行信息传播的媒介或平台。1936年11月2日，在英国伦敦郊外的亚历山大宫开办了世界上第一座正规的电视台，并开始定期播出节目，每周播放13个小时，从此拉开了电视传媒时代的大幕。"②电视媒体是一种影响力大的广告媒体，有"爆炸性媒体"之称，信息量极大，信息内容丰富。由于电视广告的信息比较全面，视、听信息均具备，所以可以通过电视向消费者传播任何形式的广告。在介绍商品的功能、特点以及树立企业的形象等方面，电视广告的效果俱佳。电视广告还可以编排不同的情节来吸引消费者。但电视广告一般费用很高，对中小企业来说难以承受。电视作为现代信息社会中有影响力的媒体之一，在传达公共政策、引导社会舆论、影响消费者决策等方面起着举足轻重的作用。任何一个忠实政策导向、热点信息、公共关系、危机管理、竞争情报、行业研究、品牌管理、投资者关系的企业或组织都需要对电视媒体信息进行及时、准确的监测和分析。

"广播媒体是指通过无线电波或导线传送声音的新闻传播工具。声音的魅力就在于它不仅传播了信息，还对这些信息融进了传播方的认识，

---

① 郑庆君、向琼、张春燕：《汉语新媒体语篇的互文性研究》，暨南大学出版社，2021，第40页。

② 王蕊、李燕临：《数字媒体设计与艺术》，国防工业出版社，2012，第10页。

第四章 数字经济背景下企业营销渠道的多元化

从而为人们理解、接受信息提供帮助，加以引导。"[1] 无线电广播发明于1906年，电台正式播出始于1920年。广播出现以来，一直是重要的广告媒体。虽然电视出现以后，广播受到了一定的冲击，但是由于其简便的设备、快捷的传播，仍旧拥有相当多的听众，并且由于其广告费用低廉，仍旧是重要的广告媒体之一。按照传播方式的不同，广播可以分为有线广播和无线广播。有线广播是通过导线或者光导纤维组成的有线传输分配网络，将广播节目信号直接传递给用户接收设备的区域性广播。无线广播是通过无线电波传送节目的广播形式。有线广播主要在农村和中小城镇，传播范围有限。用作广告媒体的广播主要是无线广播。按照调制方式的不同，广播可以分为调频广播和调幅广播。按照使用的波长，广播可以分为长波广播、中波广播、短波广播、超短波广播等。由于大众传播媒体的竞争，受众兴趣的分化，广播媒体出现了专业化的趋势。专业电台在某一方面为受众提供专门服务，节目内容有特定的范围。专业电台有新闻台、教育台、体育台、文艺台、音乐台、交通台、服务台等。由于播出特定内容的节目，专业电台一般拥有稳定的受众。

有关人员要明确目标听众，不同的广播电台和节目吸引着不同的听众群体。企业需要研究各个电台的听众特性，如年龄、性别、职业和兴趣等，以在适合的广播电台和时段进行广告投放。例如，针对年轻听众的流行音乐电台可能适合推广时尚和科技产品，而面向成年听众的新闻和谈话节目可能更适合推广汽车、保险等产品。

广告内容要具有创意和吸引力，一则成功的广播广告应当简洁明了，迅速吸引听众的注意，并在短时间内传递清晰的信息。使用引人入胜的旁白、有趣的对话、吸引人的音乐和声效都是提高广告吸引力的有效手段。同时，确保广告内容与品牌形象和市场定位一致，能够清晰地体现企业的产品特点和价值观。

---

[1] 王蕊、李燕临：《数字媒体设计与艺术》，国防工业出版社，2012，第11页。

企业应考虑广告的重复播放频率。一则广告的频繁播放可以增加品牌和产品的记忆度，但过度重复可能导致听众产生厌烦感。因此，制订一个合理的播放计划，既能保证足够的曝光度，又能避免过度饱和，这是一项挑战。

在广播广告的制作过程中，企业还可以考虑与电台主持人或者知名人士合作，使广告更具吸引力和可信度。听众熟知和喜爱的声音可以增加广告的影响力，提高企业品牌的认知度。

另外，广播广告虽然是传统媒体的一部分，但将其与社交媒体营销、网络广告等数字营销手段相结合，可以增强整体营销活动的效果。

报纸作为较早的大众传播媒体之一，在传统媒体中占据着举足轻重的地位。它的普及范围广，影响深远。报纸广告自报纸创办之初便伴随其发展。随着时代进步，报纸的种类日益增多，内容更为丰富多彩，版面设计也变得更多样化。与此同时，报纸广告在内容和形式上展现出多样性。这些因素共同作用，使得报纸与读者的距离更近。"报纸从诞生到今天已经走过了漫长的历史，西方人一致认为世界上最早的报纸是罗马共和国在公元前60年创建的《每日纪闻》，它最早是一块矗立在罗马元老院门口的木牌，用于向广大罗马市民发布元老院的最新决策，相当于现在的公告栏。19世纪末到20世纪初，报纸实现了从'小众'到'大众'的过程，经历了一次较大的'飞跃'。"[1]如今，报纸一直是人们获取时事资讯、接收信息的重要渠道之一。

（三）传统媒体的优势

尽管数字化媒体的崛起对传统媒体构成了挑战，但传统媒体凭借其独特的优势依然在信息传播领域占据重要地位。

传统媒体（报纸、杂志、广播、电视等）在社会上拥有广泛而深远的影响。这些媒体形式由于其历史悠久，已经深深扎根于人们的日常生

---

[1] 王蕊、李燕临：《数字媒体设计与艺术》，国防工业出版社，2012，第11页。

活，有了稳定的受众群体。例如，报纸和杂志作为早期信息传播的主要工具，至今仍被许多人视为获取新闻的可靠途径；广播和电视作为家庭的标准配置，成了家庭成员分享信息的重要渠道。传统媒体在内容的权威性和可信度方面具有显著优势。由于传统媒体通常经过严格的编辑和审查流程，其发布的内容更加客观、准确，因此被公众认为是更加可信的信息来源。在一个充满假信息和谣言的网络时代，传统媒体的这一特性尤为重要。

传统媒体在覆盖面方面也有其独特优势。尽管数字媒体在全球范围内迅速扩散，但在一些偏远地区或者某些年龄段的人群中，传统媒体仍然是信息获取的主要方式。例如，电视和广播可以覆盖到电网和互联网服务不足的地区，为这些地区的居民提供重要的新闻和娱乐资源。

在内容多样性和专业化方面，传统媒体同样展现出强大的优势。传统媒体机构通常拥有丰富的资源来生产各种类型的内容，从而满足不同受众的需求。例如，报纸和杂志可以提供从政治、经济到科技、文化的各种专栏和深度报道。电视和广播通过各种形式的节目，如新闻、纪录片、娱乐节目、专题讨论等，可以满足不同观众的信息和娱乐需求。

二、传统媒体助推企业营销的方案设计

数字经济背景下，利用传统媒体设计企业营销方案非常关键。传统媒体，如电视、广播、报纸和杂志，由于其广泛的覆盖范围、深厚的受众基础以及内容的权威性和可信度，能够为企业的营销活动提供强有力的支持。

（一）受众分析

在受众分析的具体实践中，企业要对受众的年龄、性别、兴趣以及媒体消费习惯等进行详细的分析和研究。

年龄是影响媒体选择的重要因素。不同年龄段的人群对媒体内容的偏好和接触方式各有不同。例如，年龄较大的受众可能更倾向阅读报纸

和观看电视来获取信息,而年轻受众可能更偏好通过互联网接收信息。因此,针对年龄较大的受众的营销活动可能更适合通过报纸、电视开展,而针对年轻受众的营销活动可能需要通过互联网开展。性别和职业也是需要考虑的重要因素。不同性别和职业的人对媒体内容的兴趣和关注点也不同。例如,针对女性的产品或服务可能更适合通过时尚杂志和生活类电视节目进行推广。兴趣是另一个关键的考量点。通过分析目标受众的兴趣,企业可以更准确地定位广告投放的媒体类型。例如,针对喜欢户外活动的受众,广告可以放置在与运动或旅游相关的杂志和电视节目中;针对文化和艺术爱好者,企业则可以选择在文化艺术节目或相关杂志中投放广告。

当然,企业还要了解受众的媒体消费习惯,这包括他们通常何时何地接触特定类型的媒体、他们对广告的态度等。这些信息可以通过市场调研、问卷调查和数据分析等方法获得。例如,如果调研显示目标受众主要在早晨阅读报纸,那么在早间时段投放报纸广告可能会更有效。当然,企业还要了解受众的媒体消费,这包括他们通常何时何地接触特定类型的媒体,他们对广告的态度和反应等。这些信息可以通过市场调研、问卷调查和数据分析等方法获得。例如,如果调研显示目标受众主要在早晨阅读报纸,那么在早间时段投放报纸广告可能会更有效。

(二)品牌定位

在企业的营销方案中,品牌定位决定了传统媒体选择和广告内容设计的方向。品牌定位不仅是企业在市场中的立场,更是其价值观和形象的体现。确保营销方案与品牌定位一致,是建立品牌认知和实施市场策略的关键。

企业要了解品牌的价值观、目标市场以及品牌愿景。例如,一个定位于高端市场的奢侈品牌,其广告内容和风格应与其高雅、精致的品牌形象相符。针对这样的品牌,企业在高档杂志或电视台的黄金时段投放广告,可以更有效地触及其目标受众。接下来,将品牌定位融入广告内容设计。广告设计不仅要传递产品信息,更要传达品牌的理念。举例来说,如果一个品牌的理念是创新和科技,那么其广告内容应该突出这些元素,可以通过展示先进技术或创新设计来吸引消费者的注意。企业还要选择合适的传统媒体渠道,不同的传统媒体拥有不同的受众基础和市场定位。例如,针对年轻、时尚的受众,可以选择在流行音乐频道或时尚类杂志上投放广告;针对成熟、专业的受众,可以选择在专业杂志上投放广告。最后,企业还应考虑整合营销沟通策略,确保在不同的传统媒体上保持一致的品牌信息和形象。例如,无论在电视广告还是报纸广告中,品牌的标志、口号和视觉风格都应保持一致,以提升品牌识别度。

（三）广告制作

在制作广告时,有创意和吸引力是关键,尤其是在利用传统媒体渠道时。一个成功的广告应该能够引起目标受众的兴趣、情感共鸣,甚至激发其行动。对于电视广告而言,情感化的故事叙述是吸引观众注意的有效方式。例如,一则关于家庭和亲情的广告,可以通过温馨的家庭场景、富有感染力的音乐和情感深刻的故事情节来打动观众,从而在他们心中留下深刻印象。另外,幽默也是电视广告中常用的手法。通过幽默诙谐的情节和对话,不仅可以吸引观众的注意,还能提升品牌的亲和力。此外,高质量的制作水准,如高清晰度的画面、专业的摄影技巧和精湛的后期制作,都是提升电视广告吸引力的重要因素。对于报纸广告,深度和专业性是其主要优势。报纸广告往往侧重文字和信息的传递,因此,精心的版面布局和有力的文字陈述至关重要。例如,一则针对特定产品或服务的广告,可以通过详细的产品描述、用户评价和专业分析来展现其价值。在设计报纸广告时,还可以考虑使用引人注目的图像或图表来辅助文字内容,使广告更加生动和易理解。在创意广告的制作过程中,了解并利用目标受众的兴趣和偏好是至关重要的。这涉及对市场趋势的研究、对目标受众心理的洞察以及对品牌核心价值的深入理解。只有当广告内容与受众的需求和期待相吻合时,才能有效地吸引他们的注意。

（四）媒体选择

在制订企业营销计划时，媒体的选择会影响广告的覆盖范围和效果，影响营销预算的分配。要找准目标受众的特性，不同年龄段、职业背景和生活方式的人在媒体消费习惯上存在显著差异。中老年人可能更习惯通过电视和广播获取信息和娱乐，而年轻人可能更多地依赖互联网和移动设备。基于这一认识，如果目标受众是中老年人，企业可选择在主流电视台的黄金时段投放广告，或者在广播电台的热门节目中投放广告，将更有可能有效触及这一群体。对于专业人士或特定行业内的受众，选择专业杂志或特定领域的报纸则更为合适。例如，针对金融专业人士的广告可以放在财经类杂志或经济报纸上，这些媒体通常具有高度的专业性和针对性，能够有效吸引目标受众的注意。同样，针对医疗健康行业的产品的推广，企业可选择在医疗专业杂志或相关领域的报刊上投放广告，以更直接地与专业人士进行沟通。要充分考虑预算和投资回报，不同的媒体在成本和覆盖范围上存在差异。电视广告通常需要较高的投资，但其覆盖范围广，适合大规模的品牌推广活动。报纸广告则成本低，特别是当选择地方性报纸时，可以更精准地针对特定地区的受众。媒体选择还应考虑到品牌形象与媒体的契合度。品牌形象应与媒体的定位相匹配。奢侈品牌可能更倾向在高端生活杂志或主流电视台投放广告，面向大众市场的产品则可能选择在覆盖范围更广的电视台投放广告。

（五）效果评估

效果评估影响着企业营销投资的回报量化，并能够指导营销策略的制定。在传统媒体广告中，进行系统的效果评估可以帮助企业更好地理解广告活动的影响力和效率，从而使营销决策更加精准和高效。品牌知名度的评估通常通过市场调研和消费者调查来进行。这包括测量消费者对品牌标识的识别度、对品牌信息的记忆程度等。例如，企业可以在广告投放前后进行调查，以衡量广告活动对品牌知名度的提升程度。这样的调查通常包括问卷调查、面对面访谈等方法。消费者反馈信息的收集对评估广告效果同样重要。例如，收集消费者对广告内容的直接反馈信息，包括广告的吸引力、信息的清晰度等。这些反馈信息可以通过在线评论、社交媒体反馈或客户服务渠道等方式收集。收集到的反馈信息对调整广告内容和传播策略具有重要指导意义。销售数据是评估广告效果的另一个关键指标。通过分析广告投放前后的销售数据，企业可以直观地看到广告活动对销售额的影响。例如，企业可以追踪在特定广告投放期间的产品销售情况，或者通过促销代码和特别优惠来追踪广告带来的销售。除上述指标外，还可以考虑一些更细化的评估指标，如消费者到店率、品牌忠诚度的变化、市场份额的增减等。这些指标能够提供更全面的视角来评价广告活动的综合效果。

基于评估结果，企业要对其媒体策略和广告内容进行相应调整，包括改变广告投放的时间、地点、频率，或是调整广告的创意内容和呈现形式。例如，如果发现某一类广告内容在特定受众群体中效果不佳，企业可能需要针对这一群体设计更具吸引力的广告。

（六）预算管理

企业营销策略制定过程中，特别是在使用成本相对较高的传统媒体时，更需要精细和科学的预算规划。有效的预算管理不仅能确保资源的合理分配，还能使投资回报最大化。确定预算时需要全面考虑不同媒体的成本效益。例如，电视广告虽然覆盖范围广，但制作和播出成本高。相比之下，广播广告和报纸广告的成本较低，但覆盖的受众有限。企业在选择媒体时，需要根据目标市场的大小、品牌定位和预期的市场影响力来平衡成本和效益。例如，刚起步的中小企业可能更倾向选择成本较低的本地报纸或社区广播站来投放广告。预算管理还应考虑不同阶段的营销需求。在产品推广的初期阶段，预算资金应更多地用于提升品牌知名度和市场影响力。而在产品已经获得一定市场占有率之后，预算资金应更多地投入维护现有市场和提高客户的忠诚度方面。例如，初期可以通过电视和主流报纸进行大规模宣传，后期则通过社区活动和地方媒体进行更精准的目标市场营销。预算管理还应包括对营销活动效果的持续监测和评估。通过定期分析广告的效果和市场反馈信息,企业可以及时调整策略和合理分配预算资金,确保资源的有效利用。在预算管理中,还需考虑潜在的额外费用,如广告制作的变更费用、应急广告投放的预留费用等。这些潜在费用的预留可以帮助企业在面对市场变化或额外机会时保持灵活性。

第二节 数字媒体渠道

一、数字媒体

(一)数字媒体的定义

数字媒体是以数字形式存在的传播媒介,它可以在计算机等电子设备上创建、查看、分发、编辑和存储。这类媒体包括各种计算机程序和软件、数字图像、数字视频、网页、数据库、数字音频和电子书等。

数字媒体的发展离不开多媒体软件的支持,这些软件正逐渐从专业领域走向大众,变得更加易用,从而降低了使用不同媒介的技术障碍。这也使得不同类型的信息交流和整合变得更简单。

数字媒体作为现代科技发展的产物,正逐步改变人们获取、处理和分享信息的方式,影响着人们的生活和工作。它不仅为信息传播提供了更加广阔和多元的平台,也为文化交流提供了新的可能。

(二)数字媒体的类别

数字媒体作为21世纪信息技术发展的产物,已成为当今社会信息传播和文化交流的重要方式。它是由数字技术支持的信息传输载体,其表现形式更复杂，更具视觉冲击力，更具互动特性。一般来说，数字媒体可以分为以下几类。

根据时间属性，数字媒体可以分为静止媒体和连续媒体。静止媒体，如文本和图片，其内容不随时间变化，是静态的信息表达方式。这类媒体以简单、直观为特点，易传播和储存，广泛应用于网络文章、电子书籍和静态图像展示。与之相对的是连续媒体，如音频、视频和虚拟图像等，其内容随时间的推移而变化，能够提供更为丰富和动态的信息展现形式。例如，视频和音频文件不仅能传递文字和图像所不能传达的信息，还能增强信息蕴含的情感。

根据来源属性，数字媒体可以分为自然媒体和合成媒体。自然媒体源自客观世界的景物和声音，通过数字设备（数码相机和摄像机等）进行捕捉和编码，转化为数字格式。这类媒体以其真实性和客观性为特点。合成媒体则是通过计算机技术生成的，包括3D动画、计算机合成的音乐和语音等。这类媒体展示了数字技术在创造和模拟方面的强大功能，为艺术设计和创新表达提供了无限可能。

根据组成元素，数字媒体可以分为单一媒体和多媒体。单一媒体是指单一信息载体组成的媒体，如纯文本或纯音频文件。多媒体则结合了多种媒介，如文本、声音、图像和视频等，提供了更丰富和互动性强的用户体验。

二、数字媒体创新企业营销的方案设计

数字媒体为企业营销提供了多种方式。在数字经济时代，企业利用数字媒体进行营销活动，有助于提高品牌的可见度和影响力，并能以更高效、精准的方式触达目标客户。

（一）优化数字媒体内容营销

在数字媒体领域，内容营销的核心在于创造并分享既有价值又相关的内容，以吸引目标受众，塑造良好的品牌形象，提高客户的参与度。

为了优化内容营销策略，企业需要在几个关键方面进行精心设计。

在制定内容策略时，重点应放在内容的质量和相关性上。企业需要了解并分析目标受众的需求和兴趣点，确保所创造的内容能够满足这些需求，同时体现品牌的核心价值和理念。内容的形式可以多样，包括专业的博客文章、教育视频、行业报告、研究论文、指南或电子书。其内容不仅应包括实用信息，还应具有吸引力，以激发受众的兴趣。

内容的创意和呈现方式至关重要，以独特且新颖的方式呈现内容可以使品牌脱颖而出。这可能涉及使用吸引人的视觉元素、采用生动的叙述方式或者运用互动元素。内容的呈现方式应符合品牌形象，并符合目标受众的偏好。

在内容发布后，持续的监测和分析也至关重要。企业应利用各种工具，通过页面浏览量、用户停留时间、跳出率和转化率等来评估内容的吸引力。这可以帮助企业了解哪些类型的内容最受欢迎，哪些策略最有效，从而指导未来的内容创作和营销策略。

通过以上实践，企业可以在数字媒体领域中实施有效的内容营销策略，不仅吸引目标受众，还能够在行业中树立权威和领导者的形象。

（二）大力拓展数字媒体移动营销

在数字经济时代，移动营销已成为企业营销策略的重要组成部分。随着智能手机和移动设备的普及，企业有机会通过智能手机、移动设备更加直接地接触目标客户。

企业要开发和优化移动应用程序，提供便捷的购物体验、客户服务或专属内容。这些应用程序应该设计得既直观又易使用，为客户提供良好的体验。应用程序内可以集成推送通知功能，用于发送最新优惠，以提升用户的参与度。

企业要进行短信营销，虽然短信营销相对传统，但其以高到达率和阅读率而著称。企业可以通过短信，将促销信息、重要通知或专属优惠发送给订阅用户。在进行短信营销时，重要的是要确保信息的相关性和及时性,避免过度发送或侵扰用户。

企业要拓展移动广告,在社交媒体、视频平台和网站等移动平台投放广告。移动广告的设计应考虑到移动设备的特性,创建吸引人且易点击的广告内容。同时,企业可利用地理定位技术提供更加个性化和定位精准的广告,如根据用户所在地点推送相关的促销信息和优惠。

当然,企业如果资金充裕,也可以进行数字媒体创新实验,推动移动营销手段和工具不断升级。在这个过程中,企业应尝试新的营销手段和策略,如利用增强现实提供互动体验,或者运用机器学习技术优化个性化推荐。

(三)发展电子邮件营销

电子邮件营销作为一种经典的数字营销方式,在当今营销策略中仍占有重要地位。它以其可定制性和低成本而被广泛应用。

企业要创造有吸引力的邮件内容,这意味着邮件不仅要提供信息,还要以能吸引受众的方式呈现。邮件内容应与品牌形象保持一致,并针对不同的受众进行调整,包括使用引人注目的标题、清晰易懂的文字、高质量的图像以及符合品牌调性的色彩和设计元素等。

企业要建立相关的邮件列表,确保邮件列表中的联系人是对其产品或服务感兴趣的潜在或现有客户。这可以通过多种方式实现,如网站订阅、活动注册或销售过程中的客户信息收集。同时,企业要定期清理邮件列表,移除无效或不活跃的联系人,以提高邮件营销的整体效果。

企业要努力寻找个性化邮件内容,从而提高用户参与度和转化率,企业可以根据用户的行为、购买历史和偏好来定制邮件内容,可以大幅度提升邮件的相关性和吸引力。比如,对于那些曾浏览特定产品但未购买的用户,企业可以发送包含该产品的促销信息或优惠券。

当然,工作人员还要进行多次电子邮件营销测试和优化,通过 A/B 测试来确定有效的邮件格式、内容和发送时间。这涉及对不同版本的邮件(如标题、内容布局、图片等)进行小规模测试,分析哪些变量能带来更高的打开率和点击率，然后将这些见解应用于未来的邮件营销活动。

（四）利用大数据和人工智能

在数字媒体营销领域，大数据和人工智能正日益成为提升营销效果的重要工具。通过深入分析大量数据，企业能够获得有关消费者行为和市场趋势的信息，进而使用人工智能来优化营销策略和活动。大数据分析使企业能够更准确地理解目标消费者。企业可以收集和分析各种数据，包括消费者的购买历史、在线浏览行为、社交媒体活动和反馈意见等。这些数据可以帮助企业描绘出消费者的画像，了解他们的需求、偏好和购买动机。基于这些分析，企业可以定制更加个性化的营销策略，从而提高营销活动的吸引力。

利用人工智能优化广告投放和内容创作也很关键。通过机器学习算法，企业可以自动化地分析哪些广告内容、投放媒体和时间点能带来较好的营销效果。人工智能还可以帮助企业预测市场趋势和消费者行为，从而提前调整营销策略，抓住市场机会。人工智能的应用可以为客户提供更好的服务体验。比如，通过聊天机器人自动回答客户咨询，提供个性化的产品推荐，或处理常见的客户服务问题。在内容创作方面，人工智能能够协助企业策划营销内容。例如，人工智能工具可以根据消费者行为和偏好生成定制化的内容建议，帮助企业创建更符合目标受众兴趣的内容。此外，人工智能也能用于分析哪些内容受欢迎，从而指导企业的内容创作。

第三节　其他渠道

一、网络直播营销

在数字经济时代,网络直播已成为企业拓展市场、增强品牌影响力的重要手段。

通过实时互动的方式,企业可以更直接地与目标消费者建立联系,同时提供丰富多样的内容以吸引目标消费者。

企业要明确直播的主题和内容,确保它们与品牌形象、产品特性以及目标市场紧密相关。例如,如果企业主营时尚产品,直播内容可以围绕时尚趋势、搭配技巧或产品展示来进行。在策划直播内容时,企业应考虑创新和多元化,如可以通过主题讨论、产品展示、实时互动问答等多种形式来吸引观众。

企业要选择合适的直播平台。当前市场上有多种类型的流行直播平台,每个平台都有其特定的观众和功能。企业应根据自身产品特性和目标受众选择合适的平台进行直播。

为了提高直播的观看率和互动性,企业可以在直播前进行一系列的宣传活动。通过社交媒体、电子邮件、网站等渠道提前通知目标受众直播的时间和内容,可以有效提高直播的观众数量。企业还可以利用推广活动吸引更多新观众,如通过优惠券、赠品抽奖等活动激励用户参与直播。

在直播进行中,实时互动是提高观众参与度的关键。企业可以通过回答观众的提问、进行实时投票、观众互动游戏等方式,增强直播的互动性。这种实时互动不仅可以为观众提供更好的直播体验，还有助于收集观众的意见，对产品和营销策略进行及时调整。

直播结束后，对直播内容的分析和后续利用同样重要。企业应对直播数据进行分析，如观众人数、观看时长、互动次数等，以评估直播的效果，并根据这些数据调整未来的直播策略。同时，企业可以将直播内容进行剪辑，制作成视频在其他渠道上进行分享，提升品牌的影响力。

网络直播作为一种新兴的营销手段，为企业提供了一个直接、互动和成本效益高的渠道来接触目标消费群体。通过精心策划直播内容、选择合适的直播平台、实施有效的宣传策略、增强直播互动性以及后续的内容分析和利用，企业可以充分利用网络直播的优势，促进品牌的发展和市场的扩张。

二、网络课程营销

在数字经济时代，网络课程作为一种新兴的营销渠道，为企业提供了一个独特的机会来推广其品牌、产品和服务。通过提供有价值的教育内容，企业不仅可以提升自身的形象，还可以吸引和培养潜在客户。

企业应明确网络课程的主题和内容，课程应围绕企业的专业领域和产品特性设计，同时确保内容具有实用性和教育性。例如，技术公司可以提供关于最新技术趋势的课程，健康食品公司则可以提供关于健康饮食的课程。精心设计的课程内容不仅能够展示企业的专业知识，还能够吸引对特定话题感兴趣的潜在客户。要保证课程制作的质量，企业应投入适当的资源来制作高质量的视频内容、演示文稿。课程的呈现方式应该专业而吸引人，包括清晰的视频、易理解的语言以及互动的教学方法。此外，企业还应该考虑到课程的可访问性，确保内容适合通过各种设备（手机、电脑等）观看。

为了提高课程的吸引力，企业可以采用多种方式来推广课程。例如，企业可以在社交媒体、企业网站和电子邮件营销中宣传课程，吸引潜在学员的注意。企业还可以通过提供免费试听课程、注册优惠或额外资源等方式来鼓励用户参与。此外，网络课程也应具有一定的互动性。企业可以在课程中设置问答环节、互动作业和小组讨论等环节，提高学员的参与度。这种互动不仅有助于提升学习效果，还能增强学员对品牌的认同感。企业还可以利用网络课程来收集有价值的市场信息和客户反馈信息。通过课程参与者的数据分析，企业可以了解客户的需求、偏好和反馈，进一步优化产品和服务。

企业应考虑将网络课程与其他营销渠道相结合，形成综合营销策略，通过课程提供特别优惠和进行产品推广。这样的整合营销策略不仅能提高品牌的曝光度，还能提供更好的用户体验。

三、微信营销

微信作为一个多功能的社交媒体平台，在数字经济时代为企业提供了更多的营销机会。

（一）微信营销的优势

微信营销作为网络经济时代的一个重要现象，已经成为企业和个人进行数字营销的关键策略之一。

随着微信用户数量的提升，基于微信平台的营销方式在现代商业活动中扮演着日益重要的角色。

微信营销具有打破地域限制的优势。微信作为一个全球化的通信平台，打破了地理位置的束缚，使得商家能够轻松接触到不同地区的潜在客户。这种跨地域的交流和互动为商家提供了更广阔的市场空间，扩大了营销活动的覆盖范围。微信营销强调的是一种基于关系的营销方式。用户通过微信与朋友、家人、同事等建立联系，形成了一个相互信任的社交网络。商家通过这个平台向用户推送有价值的信息和产品，利用这种基于关系的信任，提高营销信息的接受度和转化率。

微信营销的另一个优势是其个性化的营销策略。微信公众平台允许商家发布定制化的内容，包括图文消息、视频和音频等，这些内容可以根据用户的兴趣和需求进行个性化定制。商家可以通过分析用户的互动行为，如阅读、点赞和分享等，优化内容和营销策略，从而更精准地满足用户的需求。

微信公众平台还提供了丰富的营销工具和功能，如微官网、微会员、微推送、微支付和微活动等。这些工具和功能使商家能够构建一个完整的线上营销生态系统，实现从用户吸引、信息传播到交易转化的全过程管理。微信公众平台的这些功能也支持商家进行区域定位营销，使得营销活动更加精准和高效。同时，微信营销促进了线上线下的融合。商家可以通过线上的微信平台吸引用户，然后引导他们到线下的实体店或活动现场，实现线上线下的无缝连接。这种线上线下结合的营销方式，不仅扩大了营销的覆盖范围，也提高了用户的参与度。

微信营销的成功在很大程度上依赖内容。吸引人、有价值的内容是吸引用户的关键。因此，商家需要不断创新内容和营销策略，以适应用户需求和市场变化。

微信营销作为数字经济时代的一种重要营销模式，已经在商业领域展现出巨大的潜力和价值。它通过去地域限制、建立基于关系的营销、实现个性化推广、提供丰富的营销工具和功能，以及促进线上线下融合，为企业和个人提供了一个有效的营销平台。

（二）企业进行微信营销的具体路径

在数字经济时代，企业进行微信营销的路径呈现出多样性和灵活性的特点。企业要在微信平台上建立一个专业且有吸引力的公众号，这是展示品牌和与用户互动的基础。在内容的规划与制作上，企业应关注用户的需求和兴趣，发布高质量、有价值的内容，如行业资讯、产品使用指南或互动活动，以吸引和留住用户。利用微信公众平台提供的数据分析工具来了解用户的行为习惯和偏好，实现精准的用户定位和细分。通过对用户行为的深入了解，企业可以提供更加个性化的服务和信息，增强用户的品牌忠诚度。为了提升用户的参与度，企业需要在微信公众号上积极开展互动活动。这包括及时回复用户留言、举办各种线上活动来提升用户参与感。此外，企业还可以通过微信公众号举办各种营销活动，如优惠活动、新品发布活动等，以刺激销售和提升品牌曝光度。

企业还可以通过微信平台直接实现产品销售，为用户提供便捷的购物体验。同时，企业应持续监控和分析微信公众号的运营数据，如阅读量、点赞量、转发量等，并据此调整营销策略，以提升营销效果。

微信营销的成功依赖企业对用户需求的深入了解、高质量内容的持续提供、有效的用户互动和灵活的营销策略调整。在微信这个多功能平台上，企业可以构建一个全面的营销生态系统，实现线上与线下的有效结合，从而提升品牌影响力和市场竞争力。

四、搜索引擎优化营销

搜索引擎优化营销是一种关键的数字营销策略，旨在提高网站在搜索引擎结果页中的排名，以吸引更多的有机（非付费）流量。随着互联网的普及和搜索引擎技术的发展，搜索引擎优化已成为企业和品牌提升在线可见性和影响力的重要手段。

搜索引擎优化营销的核心在于理解和利用搜索引擎的工作机制，以确保目标网站的内容和结构能够被搜索引擎有效识别、索引和评估。搜索引擎通过复杂的算法来确定网页的相关性和权威性，进而决定其在搜索结果中的排名。因此，搜索引擎优化策略通常涉及优化网站的各个方面，包括技术优化、内容优化、提升网站的权威性等。

技术优化关注网站的基础设施，确保搜索引擎能够顺畅地爬行和索引网站内容。这包括网站结构的优化、提高网页加载速度、确保网站对移动设备的友好性以及实施安全措施。这些技术层面的优化不仅有助于提高搜索引擎的评估效果，也能直接影响用户体验，从而间接影响网站的排名和流量。

内容优化是搜索引擎优化营销的另一个重要手段。高质量的、与目标关键词相关的内容是吸引用户注意的关键。通过深入研究目标受众的搜索意图和使用相关关键词，企业可以创建出既满足用户需求又能被搜索引擎高度评价的内容。此外，定期更新内容、优化标题和元标签，以及提高内容的可读性和吸引力，都是提升搜索引擎优化效果的有效方法。

提升网站权威性主要通过获得高质量的外部链接来实现。当其他权威网站链接到目标网站时，搜索引擎将这视为一种信号，表明目标网站具有相关性和权威性，因而有助于提高排名。因此，通过内容营销、公关策略实施和合作伙伴关系建立等方式获取外链，是搜索引擎优化工作的重要组成部分。

五、APP营销

APP营销的目的是提高APP的知名度、下载量和用户活跃度。随着智能手机和移动互联网的普及，APP已成为企业接触和服务客户的重要渠道。有效的APP营销策略可以帮助企业在激烈的市场竞争中脱颖而出，构建强大的用户基础。APP营销的成功始于一个有吸引力的APP设计。开发一个满足市场需求、用户友好且功能齐全的APP是吸引和留住用户的关键。这要求企业在APP开发阶段就进行市场和用户研究，确保APP能满足目标用户的需求。

推广阶段是APP营销的核心。有效的推广策略不仅能提高APP的可见性，还能激励用户下载和安装。一种常用的推广方式是通过社交媒体、网站、邮件等多渠道传播APP的独特价值和功能。此外，与其他APP合作或应用商店优化也是提升APP可见性的有效手段。应用商店优化包括优化APP的标题、描述、关键词和用户评价，以提高APP在应用商店搜索结果中的排名。

用户体验优化是APP营销不可忽视的部分。好的用户体验可以提高用户满意度，促进口碑传播，从而吸引新用户并留住现有用户。这包括确保 APP 的加载速度快、界面简洁美观、操作直观易用、内容更新频繁且有价值。

六、软文营销

软文营销作为一种隐性广告的营销方式，已成为企业在数字营销领域不可或缺的策略之一。与传统的硬广告不同，软文营销通过提供有价值、富有吸引力的内容来间接推广产品，其目的是在不引起读者反感的情况下，潜移默化地影响读者的购买决策。软文营销的核心在于"内容为王"。这种营销方式强调内容的原创性、信息性和趣味性，旨在通过提供有用的信息或故事，吸引目标受众的注意，引发他们的兴趣和情感共鸣，从而间接地将品牌信息传递给他们。这种方式不仅能够避免直接销售带来的抵触感，还能够在消费者心中树立品牌的正面形象，增强品牌的亲和力。

在实施软文营销时，选择合适的发布平台至关重要。随着互联网和社交媒体的发展，微博、微信公众号、在线论坛和视频平台等成了软文营销的主要阵地。通过这些平台，企业可以根据自身的目标受众特点和需求，精准定位并发布相关内容，以达到较好的营销效果。有效的软文营销不仅需要优质的内容，还需要巧妙的推广策略。一个成功的软文不仅要内容吸引人，还要能够激发人的分享欲望，通过社交网络实现内容的自然传播。

七、社群营销

社群营销作为一种新兴的营销策略，正日益受到企业的重视。它利用在线社群的力量，通过构建和维护活跃的社群环境，促进品牌信息的自然传播，增强品牌与消费者之间的互动和联系，最终实现营销目标。

社群营销不仅关注直接的产品或服务推广，更重视通过社群建立长期的客户关系，提升用户的参与度。在数字经济时代，社群营销展现出其独特的优势。首先，社群营销能够为企业提供一个与消费者直接互动的平台，这种互动更加个性化、亲密，有助于提升消费者的忠诚度。通过社群，企业可以直接听取消费者的反馈建议，及时调整产品或服务，从而更好地满足消费者的需求。其次，社群营销可以有效促进品牌的口碑传播。在社群中，消费者之间可以自然地分享使用体验和进行产品推荐，这种推荐往往比传统广告更具有说服力。

第五章 数字经济背景下企业营销转型的保障体系建设

第五章　数字经济背景下企业营销转型的保障体系建设

第一节　数字文化建设

一、培养数字思维

在数字经济时代，数字思维对企业来说不可或缺。这种思维方式涉及对数据的深入理解、对新兴技术的有效应用，以及对数字化变革的积极接受和推动。为了在所有层面培养数字思维，企业需要进行一系列的转变和实践。

企业要对员工进行数字技能培训。这不仅包括基础的计算机操作和软件使用能力的培养，还包括数据分析能力、数字安全意识等的培养。通过定期的培训，员工可以不断提升自己的数字技能，从而更好地适应数字化的工作环境。

企业应鼓励基于数据的决策。这意味着在决策时要依赖数据分析，而不仅仅是直觉或经验。企业可以建立数据分析团队，提供必要的数据分析工具和平台，帮助员工更好地理解和利用数据。同时，通过数据可视化和报告，企业可以使复杂的数据更易理解和应用。

为了进一步培养数字思维，企业还需要构建一个支持创新和实验的环境。支持创新和实验的环境能够激发员工的创造力，推动企业在数字化道路上不断前进。企业要鼓励员工探索新的数字工具和解决方案，即使这些探索可能不总是成功。

二、打造具有创新精神的企业文化

在数字经济背景下，打造具有创新精神的企业文化是企业成功转型的关键。这种文化倡导创新思维和实验精神的培养，重视从失败中学习和持续改进。

企业要从高层管理开始树立创新榜样，领导者应该通过自己的行为展示对创新的承诺和支持。比如，对新想法的鼓励、对实验项目的投资以及在失败发生时的支持和理解。领导者应该定期与员工沟通，分享企业的创新目标和愿景，从而营造一个支持和鼓励创新的环境。

企业应提供必要的资源和工具来支持创新。这可能包括专门的研发预算、创新实验室、技术工具和培训资源。员工应该获取这些资源来实现他们的创新想法。

企业还可以通过优化制度，如制定弹性工作制度，为员工提供进行创新的机会。

创建跨职能团队也是促进创新的一种有效方式。将来自不同部门和拥有不同背景的员工聚集在一起，可以激发新的想法。这些团队应该被赋予一定程度的自主权，以探索新的方法。通过鼓励跨部门合作，企业可以打破传统的思维模式，实现更广泛的创新。

在创新过程中，失败是不可避免的。企业应该鼓励员工从失败中学习，并将这些经验应用于未来的项目中。企业可以通过分享失败案例、举办失败后的复盘会议等方式，将失败转化为学习和成长的机会。

此外，为了发展创新思维，企业还可以设立奖励和激励机制。这可能包括为成功的创新项目提供奖金、为创新成功的员工提供晋升机会。同时，企业应该认可和奖励那些积极尝试但未必成功的创新尝试。通过这些激励措施，员工会积极尝试创新。

三、培养数据安全意识

在数字经济时代,随着企业越来越依赖数字化操作,数据安全保护成了一个重要问题。企业不仅需要保护自己的数据资产,也需要确保客户信息的安全和隐私。因此,培养数字安全意识至关重要。

企业需要制定和实施全面的数据保护策略。策略应该涵盖所有与数据相关的方面,包括数据的收集、存储、处理和分享。策略应详细说明各类数据处理活动的规则和程序,并严格遵循相关的法律和行业标准。为了确保员工了解这些政策和标准,企业需要进行定期的培训和教育活动。这些培训应涵盖数据保护的基本原则、企业的具体政策,以及员工在日常工作中应该采取的安全措施。培训可以通过在线课程、研讨会或者工作坊的形式进行,确保所有员工都能接受最新的数据安全教育,形成较强的数据安全意识,成为保护数据的一分子。企业还应该采用强有力的技术措施来保护数据安全。这包括使用防火墙、加密技术、入侵检测系统和其他安全工具。定期进行安全审计和风险评估也非常重要,以便及时发现和解决安全漏洞。对于处理敏感数据的员工,企业需要实施额外的安全措施。例如,限制对敏感数据的访问权限,确保只有授权员工才能访问相关信息。同时,对这些员工进行深入的安全培训,确保他们充分理解在处理敏感数据时需要采取的措施。企业还需要建立一个强大的事故响应机制。在数据泄露或其他安全事件发生时,企业应能迅速采取行动,包括通知受影响的个人、报告给相关监管机构,并采取措施防止数据安全事件发生。

第二节　数字技术应用

一、运用增强现实和虚拟现实

随着技术的不断进步，增强现实（augmented reality，AR）和虚拟现实（virtual reality，VR）在企业营销中的应用越来越广泛。这些技术为消费者提供了沉浸式和互动式的体验，能够极大地增强用户参与度和提升品牌形象。AR 和 VR 可以用于创造独特的产品展示和体验。例如，零售行业的企业可以使用 AR 让消费者在自己的家中虚拟试穿服装或试用家具。通过手机或平板电脑上的 AR 应用，用户可以看到这些产品在现实环境中的样子，这种互动体验不仅提高了用户的购买欲望，也增强了品牌的吸引力。在房地产行业，VR 可以用于虚拟房屋展示，让潜在买家在没有实际到访的情况下，就能体验房屋的内部布局和设计。通过 VR 头盔，用户可以在虚拟环境中自由移动，感受空间的大小和设计的细节，这种沉浸式体验对提高客户的满意度和促进销售非常有效。AR 和 VR 还可以用在品牌的营销活动中。企业可以开发 AR 游戏或提供 VR 体验活动，将其与特定的营销活动相结合。例如，企业可以通过 AR 游戏吸引用户参与品牌活动，或者通过 VR 体验活动展示产品的独特功能和应用场景。这些活动不仅能提高用户的参与度，还能有效传递品牌信息。在教育和培训领域，AR 和 VR 也有广泛的应用。企业可以使用 VR 进行员工培训，尤其是在那些需要模拟真实操作环境的场景中，如飞行模拟、医疗手术培训等。通过 VR 培训，员工可以在安全的虚拟环境中学习和练习技能，这不仅提高了培训的效果，也减少了实际操作中的风险。

总之，AR 和 VR 以一种新颖的方式吸引了消费者，为其提供了独特的品牌体验。通过这些技术的应用，企业能够有效提升产品和服务的吸引力。

二、优化聊天机器人，提供自动化客户服务

在人工智能快速发展的今天，提供自动化客户服务已成为许多企业的关键战略之一，聊天机器人可以提供自动化客户服务，大幅度提升服务效率，为客户提供更好的服务体验。

企业要明确聊天机器人的主要用途和目标。聊天机器人可以用于各种场景，如解答常见问题、提供产品信息、处理订单、提供技术支持等。明确这些目标有助于设计更符合需求的聊天机器人，并确保其能够有效地解决消费者的具体问题。开发聊天机器人时应注重其对话能力和用户体验。一个好的聊天机器人应能以自然流畅的方式与用户沟通，理解并准确回应用户的查询。这需要企业投入相应的资源来优化聊天机器人，使其能够处理各种复杂的对话。此外，聊天机器人的界面应简洁友好，易于用户操作和理解。在聊天机器人的开发过程中，自然语言处理技术的应用至关重要。这种技术可以帮助聊天机器人更好地理解用户的语言和意图，提供更准确的回复。企业可以利用现有的然语言处理工具和框架来开发聊天机器人，或与专业的 AI 公司合作，开发更高级的对话系统。同时，企业应确保聊天机器人能够与其他客户服务系统和数据库无缝集成。这包括客户关系管理系统、订单管理系统和产品数据库等。这种集成能使聊天机器人访问必要的信息，以提供更详尽和个性化的服务。

企业更要不断测试和优化聊天机器人的各项功能，定期监控机器人的表现，收集用户反馈信息，并根据这些信息对机器人进行调整。这可能包括改进对话脚本、增加处理更复杂问题的能力或改善用户界面。

三、巧妙利用大数据分析工具

在数字经济时代，利用大数据分析工具，企业能够更深入地理解消费者行为，预测市场趋势，并据此制定更有效的营销策略。企业要收集来自多个渠道的大量数据，包括客户在网站上的浏览记录、社交媒体上的互动、购买历史、客户反馈信息等。通过整合这些不同来源的数据，企业可以获得关于客户行为和偏好的全面视图。在收集数据的过程中，企业需要遵守相关的数据保护法规，保护消费者的隐私。收集足够的数据后，企业就可以使用大数据分析工具来分析这些数据。大数据分析工具可以帮助企业识别特定的消费者群体、了解消费者的购买行为和偏好、评估不同营销渠道的效果。例如，企业可以通过数据分析识别有价值的客户，然后针对客户设计更加个性化的营销活动。

企业要利用大数据分析工具来评估和优化营销活动。通过对比不同营销活动的效果，企业可以了解哪些活动有效、哪些活动需要改进。这种基于数据的评估可以帮助企业更有效地分配营销预算资金，提高投资回报率。为了更好地利用大数据分析，企业还需要建立一套有效的数据治理机制。这包括确保数据的质量、准确性和一致性，以及建立清晰的数据管理流程。同时，企业应该对数据分析团队进行培训，确保他们具备必要的技能和知识，能够充分利用大数据分析工具。

企业应该持续跟踪和评估大数据分析的效果。这包括定期审查数据分析的结果，收集用户反馈信息，并据此不断调整数据分析策略。此外，随着技术的发展，企业还需要不断探索新的数据分析工具和技术，以在市场上保持竞争优势。

第三节 数字平台建设

一、明确数字平台的目标与指标

在数字经济时代,企业的数字平台成为连接客户、展示产品和提供服务的重要平台。为了确保数字平台有效地支持企业的营销战略,要明确数字平台的目标与指标。

企业要确定数字平台的主要目标。这些目标包括提高客户参与度、增加销售额、提升品牌认知度或改善客户服务等。为了达到这些目标,企业需要进行市场研究和分析,了解目标客户的需求和行为。基于这些信息,企业可以制定相应的策略,如设计吸引用户参与的互动活动,优化购物流程以提高转化率,或提供个性化的客户服务。明确数字平台的目标后,企业需要设定具体的性能指标(KPIs)。这些指标可以是网站流量、用户参与度(如页面浏览时间、互动频率)、转化率、客户满意度等。通过跟踪这些指标,企业可以评估数字平台的表现,了解哪些策略有效、哪些需要调整。企业应该集中于用户体验的优化。这意味着数字平台的设计应简洁直观,内容应有吸引力。例如,企业可以通过用户界面(UI)和用户体验(UX)设计的改进,使网站更易导航,同时确保内容符合用户的兴趣和需求。

为了提高客户的参与度,企业可以在数字平台上实施各种营销活动,如促销、互动游戏、在线问答等。这些活动不仅能吸引用户的注意,还能提供宝贵的用户行为数据,帮助企业进一步了解客户。在销售方面,企业可以利用数字平台进行精准营销。通过分析用户数据，企业可以识别潜在客户，向他们推送促销信息和推荐产品。企业还可以优化在线购物流程，简化结账步骤，减少购物车放弃率。为了增强品牌影响力，企业需要在数字平台上构建一致的品牌形象和信息。这包括保持视觉元素的一致性、发布与品牌价值观相符的内容，以及通过故事讲述等方式传递品牌理念。

二、优化数字平台性能

通过优化数字平台的性能，企业可以提高用户的满意度和参与度，从而获得更好的商业成果。

要利用数据分析工具来深入理解用户行为，分析用户在平台上的浏览路径、停留时间、点击率等。通过这些数据，企业可以了解哪些内容或功能最受用户欢迎，哪些页面或流程可能导致用户流失。例如，如果发现用户在支付页面大量流失，可能需要优化结账流程。

企业应关注流量来源，了解用户是如何发现并访问平台的，这可以帮助企业优化营销策略和提高投资回报率。例如，如果大量流量来自社交媒体，那么企业可能需要加强在这些渠道上的营销活动。在内容策略方面，企业应定期更新和优化平台内容。这包括确保内容的时效性、相关性和吸引力。企业可以根据用户反馈信息及其行为数据，调整内容策略，如增加互动元素，提供个性化推荐，或者针对特定用户创建专属内容。

用户体验的优化也至关重要。这包括设计直观、易导航的界面，确保网站加载速度快，以及在移动设备上提供良好的体验。例如，企业可以通过响应式设计确保平台在各种设备上都能良好显示，或者通过减少页面元素的加载时间来提高速度。

三、考虑将数字平台与其他营销渠道整合

在数字经济时代，企业的营销策略必须适应多渠道、多平台的环境。将数字平台与其他营销渠道整合，形成一个综合的多渠道营销策略，对提升品牌影响力和客户参与度至关重要。企业应确保品牌信息在各个渠道上的一致性。无论在社交媒体、电子邮件、网站还是线下活动中，品牌的核心信息、视觉风格和语言调性应保持一致。这可以确保客户无论通过哪个渠道接触品牌，都能获得相同的体验。社交媒体的整合是多渠道营销策略的重要组成部分。企业可以利用社交媒体提高品牌声量，吸引目标受众。这包括在社交媒体上分享有吸引力的内容、与用户互动以及开展线上活动等。

企业还可以利用社交媒体广告精准地触达特定受众，增加网站流量和提升转化率。在电子邮件营销方面，企业应建立订阅者列表，并利用电子邮件定期向订阅者发送更新、促销信息和个性化内容。电子邮件可以作为将用户引导至企业网站的有效工具，也可以用于维护客户关系和提高客户的忠诚度。

线下活动与数字平台的结合也非常重要。通过在线下活动中提供专属的数字体验（如通过手机应用参与互动、使用 QR 码获取更多信息），企业也可以提高客户的参与度，并促进线上线下的无缝连接。此外，线下活动中收集到的用户数据也可以用于优化线上营销策略。

第四节　数字人才培养

一、加强数字技能培训

在数字经济时代，企业成功与否的关键在于员工是否具备必要的数字技能。为了保持竞争力和适应快速变化的市场，企业必须加强员工的数字技能培训。

企业应该评估员工的当前技能水平和培训需求。通过问卷调查、面试或技能测试，企业可以了解员工的数字技能掌握情况。这一步是制订有效培训计划的基础，可以帮助企业确定需要重点关注学生哪些数字技能的培养。

企业需要制订一个全面的数字技能培训计划。这个计划应该包括各种形式的培训活动，如在线课程、现场研讨会、工作坊和内部培训课程。企业可以利用在线学习平台为员工提供关于社交媒体管理、数据分析、搜索引擎优化的课程。

企业也可以邀请行业专家创办工作坊，分享最新的市场信息和技术。

企业还应考虑将培训与实际工作相结合。这可以通过实际的项目任务、工作中的应用练习或角色扮演等方法来实现。通过这种方式，员工可以在实际工作中运用所学的技能，加深对知识的理解和记忆。

为了鼓励员工积极参与培训，企业可以设立激励机制。这可能包括为完成培训的员工提供奖励或职业发展机会。激励机制可以增强员工的学习动力，确保培训效果的最大化。

第五章　数字经济背景下企业营销转型的保障体系建设

企业还应定期评估培训的效果。这可以通过考查员工的技能、收集员工和管理者的反馈信息以及分析培训对工作绩效的影响来完成。基于这些评估结果，企业可以调整和优化培训计划，确保其始终符合员工的需求和企业的目标。

二、推动跨部门的学习协作

在数字化转型的过程中，跨部门的学习和协作有助于丰富员工的知识，提高员工的技能，还能提高员工的合作和沟通能力。

企业应建立跨部门项目团队，以促进不同部门之间的合作和知识共享。例如，企业可以组织由市场营销、产品开发、IT和客户服务部门的代表组成的团队，共同开发新的数字产品。通过这种方式，团队成员可以互相学习，了解不同部门的工作流程和挑战，共同解决问题。定期举办知识分享会议或研讨会，鼓励员工分享自己在数字技术应用方面的经验和见解。这些活动可以是非正式的午餐会议、定期的研讨会或在线研讨会。在这些会议上，员工可以分享自己在特定项目中获得的经验，讨论最新的数字技术趋势，或展示成功案例。企业也可设立一个内部知识共享平台，如公司内部的论坛或社交网络，鼓励员工在平台上发布问题、分享经验等。这种平台不仅能够促进知识的共享，还能帮助员工建立跨部门的联系。

为了进一步鼓励跨部门协作，企业可以设立专门的创新实验室或工作组，专注探索新的数字技术和商业模式。这些实验室可以作为一个开放空间，供不同部门的员工共同使用。举办内部竞赛或挑战赛激发员工的创新思维。

企业也应鼓励高层管理人员参与到跨部门协作中。高层管理人员可以通过参加跨部门会议、支持创新项目或为跨部门合作提供资源，来支持跨部门学习和协作。

三、培养数据驱动决策的思维方式

在数字经济时代,数据是企业的宝贵资产之一。培养数据驱动决策思维对企业的成功至关重要,因为它能够指导制定更精准的决策和策略。企业要培养员工的数据意识,使他们了解数据的重要性。企业可以通过组织培训研讨会、分享会或设置在线课程,传授员工有关数据的基础知识,如数据的收集、分析和解读方法。在实际工作中,企业要应用数据驱动决策,包括在各个业务领域使用数据来指导决策,如销售预测、市场趋势分析、客户行为分析等。企业可以通过具体的案例研究和成功故事来展示如何利用数据来指导决策。

企业应提供必要的数据分析工具。这包括数据分析软件、可视化工具。通过这些工具,员工可以更容易地进行数据分析。为了培养数据驱动决策思维,企业还应鼓励员工自主进行数据探索和分析。企业还应确保数据的质量和准确性,构建一个健全的数据治理体系,确保收集的数据是准确和可靠的。企业应建立一个跨部门的数据团队,以促进不同部门之间的数据分享。通过这种方式,数据不再是孤立的部门资源,而成了企业共享的资产,有助于打破信息孤岛,促进整个企业的发展。

四、引进数字领域的专家

引进数字领域的专家不仅可以帮助企业及时掌握最新的行业趋势和技术,还能通过他们的专业知识和经验来提升整个团队的能力。

要明确引进专家的类型。这有助于企业在招聘过程中更准确地定位合适的专家,并确保他们能够满足企业的具体需求。

企业应在招聘和选拔过程中寻找具有丰富经验和创新思维的专家,也要考虑候选人的团队合作和沟通能力,确保他们能够有效地与团队协作并传授知识。一旦聘请了合适的专家,企业就需要为他们提供一个支持创新的工作环境,提供必要的资源和工具,鼓励他们探索新的技术和方法，以及给予他们一定程度的自主权来实施他们的想法。企业还应利用专家来培训内部员工，让专家在培训活动中分享他们的专业知识、行业见解和实践经验，以帮助员工提升技能和知识水平。企业还要鼓励专家与内部团队进行密切的协作。通过参与具体的项目或提供咨询服务，专家可以直接帮助团队解决问题。这种直接的协作有助于传递专家的知识和经验，促进团队成员成长。

企业还应定期评估专家引进的效果，评估他们对项目和团队的贡献、对员工技能和知识水平提升的影响，以及专家工作对企业整体目标的影响。基于这些评估，企业可以调整和优化引进专家的策略。

五、建立完善的激励机制

在数字化转型的过程中，建立一个完善的激励机制对企业来说尤为重要。

企业可以为那些在数字化转型中表现出色的员工提供具体的奖励。比如，对于成功引领一个数字项目或在数字技能提升方面取得显著进步的员工，可以提供奖金或公开表彰。

除传统的奖励方式外，企业还可以考虑采取更多个性化的激励措施。比如，企业可以为有兴趣深入学习特定数字技能的员工提供专业发展机会，如参加行业会议、研讨会或获得进一步教育的资助；可以组织内部竞赛，鼓励员工参与其中，为获胜员工提供奖励。

此外，企业应定期评估激励机制的有效性，监测激励措施对员工技能的影响，以及对企业数字化转型的贡献。基于这些评估，企业可以不断调整和优化激励机制，确保其符合员工的需求和企业的目标。

第六章 数字经济背景下企业营销转型典型案例解析

第一节　Y超市零售数字化营销案例解析

一、数字零售概述

（一）数字零售简介

数字零售是以数据处理技术为时代标志的销售模式。

在数字经济时代，数字零售成为零售行业转型升级的重要趋势，它改变了传统零售业的运营模式，重塑了消费者的购物体验。数字零售的实质是利用云计算、物联网技术、大数据技术和人工智能等，实现线上线下一体化运营，从而提高运营效率，为客户提供更好的体验。云计算和物联网技术为数字零售提供了坚实的硬件基础。云计算使得数据存储和处理变得更加高效和灵活，而物联网技术则使实体店铺能够智能化运营。通过这些技术，零售商可以实时监控库存、优化物流、自动化门店管理，降低成本，提高客户服务质量。大数据技术和人工智能为数字零售提供了强大的软件支撑。大数据分析能够帮助零售商深入了解消费者需求，实现精准营销和个性化推荐。人工智能则可用于提高客户服务效率，如通过智能客服机器人解答顾客咨询，或利用AI技术进行个性化的产品推荐。

在运营模式上，数字零售强调线上线下一体化。这意味着零售商需要在实体店铺和电子商务平台之间实现无缝对接，为消费者提供一致的购物体验。例如，消费者可以在线上预览产品、比较价格，然后在离家最近的实体店铺体验和购买产品，或者在网上下单后选择线下店铺自提。

数字零售还体现了全新的消费生态,包括"剁手"网购、砍价拼团、无钞支付和移动点餐等消费方式。这些新兴的消费方式不仅提升了购物的便利性,还为消费者提供了更多样化的购物体验。

对于营销人员来说,数字营销不仅是技术上的挑战,更是思维上的创新。数字营销要求营销人员具有创新性思维,能够根据市场变化和消费者需求,灵活调整营销策略。数字营销涵盖目标营销、直接营销、分散营销、客户导向营销和双向互动营销等多种形式,需要营销人员综合运用各种手段和策略,实现最佳营销效果。

数字零售代表着零售行业的未来方向。它不仅是技术革新的结果,也是市场需求和消费者行为变化的反映。零售商需要不断适应新技术,创新营销策略,提供高效、便捷的服务,以在竞争激烈的市场中保持领先地位。在数字经济时代,能够有效实施数字零售战略的企业将获得成功。

(二)数字零售的特点

数字零售具有四大特点,如图6-1所示,这也是其优势所在。

图6-1 数字零售的四大特点

第六章　数字经济背景下企业营销转型典型案例解析

1. 线上线下渠道的一体化

数字零售重塑了传统零售业的面貌，其特点之一是线上线下渠道的一体化。该特点体现为，线上商店和实体店铺通过创新的营销手段紧密结合，为客户提供了无缝衔接的购物体验。这种一体化趋势不仅符合现代消费者的购物习惯，也给零售商带来了新的发展机遇。随着消费者对移动智能设备的依赖程度日益提升，线上与线下的界限越来越模糊。消费者在实体店体验产品的同时，可以轻松地通过手机比较不同电商平台的价格和服务，作出更明智的购物决策。这种模式使实体店铺不再仅仅是购买的地点，更多地成了展示产品和提供个性化服务的场所。电子商务和智能科技的应用促进了零售企业与消费者之间的互动。例如，通过数据分析，零售商可以更准确地了解消费者的需求，提供个性化的产品推荐和促销活动。同时，利用智能科技，如增强现实和虚拟现实，可以让客户在实体店中获得独特的体验。

在线上线下一体化的过程中，原本线上与线下之间的竞争关系逐渐转变为互补和协同关系。实体店铺与电商平台相结合，不仅能够扩大市场覆盖面，还能提供更全面的购物体验。这种融合能使各零售商更有效地发挥自身优势，共同推动零售行业发展。

2. 经营管理的数字化

数字零售的特点之一是经营管理的数字化。而经营管理的数字化要由云计算、物联网技术、大数据技术和人工智能等来驱动。这些技术不仅提供了低成本的硬件和高效运转的软件支持，还能使零售商完善从前端销售到后台管理的各个方面。在销售端，物联网设备和小程序成为连接线下与线上的重要桥梁。物联网设备在实体店铺中作为线下触点，提供实时的商品信息和客户互动；小程序则作为线上触点，方便顾客随时随地通过手机进行购物和查询。这两者的结合，使得零售商能够在线上线下统一培养和管理忠诚客户，同时收集和分析消费者的购物偏好，为提供个性化服务打下基础。会员体系的整合，使线上、线下都能有效地追踪消费者的行为和喜好。这些宝贵的消费者数据被储存并传输到管理后台，进行深入的购物者画像分析，帮助零售商更准确地识别目标市场，优化营销策略。在管理后台方面，数字化转型涵盖库存管理、品类优化和人员管理等多个方面。通过大数据分析，零售商可以实现库存的实时监控和预警，优化库存结构，降低库存积压的风险。此外，人员管理的数字化使零售商能够更有效地安排员工，提升服务质量，实现更高效的人力资源管理。前端的销售系统和后端的管理系统的有机结合，为零售商提供了强大的数据支持，使得数字化营销策略能够持续改进和优化。

在数字零售的时代，经营管理的数字化转型不仅是提高竞争力的必然选择，也是满足现代消费者需求的关键。通过经营管理的数字化，零售商能够更好地了解消费者、优化产品和服务，从而在激烈的市场竞争中脱颖而出。

3.卖场体验的智能化

卖场体验的智能化也是数字零售的特点。在数字零售模式下，智能技术的应用提升了零售商的运营效率。数字化卖场通过引入智能触屏、智能货架、电子价签和自助结账设备等物联网设备，为客户提供了更好的购物体验。这些技术使得消费者能够更快捷、更方便地获取产品信息、比较价格和完成购物，大大减少了排队结账的时间。例如，智能货架能够实时更新库存信息，使消费者获得最新的商品信息；电子价签可以即时显示最新的促销活动，使消费者获得新的促销信息。自助结账设备则可以使消费者快速完成支付，大幅度减少消费者的等候时间。

总之，卖场体验的智能化不仅使购物变得更加便捷和愉悦，还为零售商提供了更高效的经营管理工具。这种智能化的转型不仅体现在技术上的升级，更体现在对消费者需求的深入理解上。未来，随着技术的不断进步，数字零售将继续引领零售业发展。

4.供应链服务社会化

在新零售环境下，供应链服务社会化趋势越来越明显，这种变化不仅推动了供应链的效率提升，还有助于提供更优质的消费者服务。供应链的响应速度直接影响着零售决策的实时性和联动性。在数字经济时代，速度和效率成为衡量供应链优化的重要指标。快速响应市场变化和消费者需求成为供应链管理的核心目标，这要求供应链在收到订单后迅速集成和协调资源，确保商品被及时送到门店或消费者手中。大数据在供应链服务社会化中扮演着至关重要的角色。通过分析大量数据，零售商可以更准确地预测市场趋势和消费者需求，从而优化库存管理和商品分配。大数据还有助于供应链中的每个环节实现信息的快速交流和资源的高效整合，使整个供应链更加灵活且具有更强的适应性。在新零售环境下，供应链服务社会化还体现在选择更优质的供货商和建设分布均匀的仓库上。通过与优质供货商的合作，零售商能够保证商品质量和供应的稳定性，还能在一定程度上降低采购成本。而均匀分布的仓库网络有助于缩短商品从仓库到门店甚至直接到消费者家中的运输距离和时间，进一步提高供应链的效率。

总之，供应链服务社会化意味着在整个流程中寻找最优解决方案。这不仅包括物流成本的优化，还涉及提供更好的消费者服务，如更快的送货速度、更灵活的配送选项和更优质的售后服务。

二、Y 超市零售数字化营销案例分析

Y 超市自 2001 年成立以来，已逐渐成长为推动农贸市场向现代流通模式转变的大型民生日用品快消企业集团。作为国内率先将生鲜蔬菜从传统农产品市场转移到现代超市的零售企业之一，Y 超市在中国五百强企业榜单上稳居高位，并荣获国家级"流通"及"农业产业化"双龙头企业的认证，拥有"中国驰名商标"荣誉。

在移动互联网时代，"快、准、稳"的运营原则成了企业生存和发展的关键。特别是在新消费时代，零售商的自我革新，即数字化转型，成为其提升竞争力的重要途径。数字化运营成了零售商生存发展的根本，通过数据驱动来丰富用户体验和提升企业运营效率，已经成为行业内部

优胜劣汰的一个明显趋势。

在这样的大背景下，Y超市数字化转型的成功不仅是对其自身商业模式的一次重大革新，也是整个零售行业走向数字化的一个缩影。对于像Y超市这样的零售巨头来说，要实现在新时代中的灵活变革，必须将自身的基本盘（线下超市的组织能力、商品能力和运营能力）通过数字化手段进行整合和优化，这才是其数字化转型成功的关键。

Y超市的数字化转型早在2015年就已启动，时至今日，已在科技驱动业务增长、提升运营效率、升级服务质量等方面取得显著成效。通过重点发展到家、到店业务，Y超市大幅度提升了供应链联动效率，为用户提供了更好的购物体验。随着数字化转型的不断深入，Y超市正在加快其数字化步伐，包括自建平台、全面打通线上线下供应链、实现全场景数字化等，致力将数字化运营深入企业运营的每一个环节。

作为深耕生鲜和农产品市场20年的零售巨头，Y超市的数字化变革有其坚实的基础。在门店发展方面，Y超市的扩张速度迅猛。

在供应链优化方面，Y超市以用户为中心，构建了稳定、柔性、开放、高效的供应链体系。Y超市通过生鲜供应链和食品用品供应链的升级，打造了多渠道C端服务能力强的供应链服务体系。Y超市还大力发展自有品牌，推动生鲜标品开发，与合作伙伴探索代工模式，完成了超过5000支标品的开发，实现了商品信息的立体化管理。

在物流配送方面，Y超市的物流中心已覆盖全国29个省市，总运营面积达到63万平方米，配送员工约2500人。物流中心根据商品温度要求进行专门区分，建立了常温和定温（包括冷冻、冷藏商品）两大类配送中心，以保障商品质量和配送效率。

在移动互联网的浪潮中，Y超市通过深度的数字化转型，展现了其对未来零售模式变革的坚定决心和前瞻性布局。这一变革不仅是技术的升级，更是企业文化和运营理念的全面革新，标志着Y超市在新零售时代的大胆探索和创新。Y超市的数字化之路既是一场"破釜沉舟"的勇气之举，也是基于公司坚实的基本盘——深耕零售行业多年的经验和资源积累。在这场数字化的转型中，Y超市自建平台，完全打造属于自己的智能系统，这不仅需要技术支持，更体现了Y超市对未来发展的长远规划。

Y超市的数字化成果已经开始显现，通过全面的数字化改造，Y超市实现了从供应链到门店再到用户的全流程数字化管理和运营，有效提升了效率和用户体验，为Y超市开辟了业绩增长的新通道。在供应链管理方面，Y超市通过建立数字化的交易平台，实现了优势商品资源的全国联动，支持货源的开放交易，加速商品流通。同时，Y超市利用智能选品技术，根据用户需求和购买行为，进行精准的商品规划和管理。Y超市还结合AI算法进行销量预测，通过精准的数据分析辅助决策制定，优化门店订货和资源分配，减少库存周转天数，降低缺货率，增加利润。

值得一提的是，Y超市仓储店的运营模式。在这些仓储式门店中，Y超市充分利用科技手段提升运营效率，如通过电动平衡车进行拣货，依据订单进行分区管理，通过合流区、分流区和后场集合的标准化流程，大幅度提升了拣货的速度和准确性。这不仅降低了运营成本，也为消费者提供了更快速、便捷的到家配送服务，商品线上线下同价，会员的数字化建设日趋完善，进一步优化了消费者的购物体验。

Y超市的数字化转型，是对传统零售模式的一次颠覆性创新。通过持续的技术投入和创新实践，Y超市提升了自身的竞争力，为整个零售行业的数字化转型提供了有益的借鉴。

第二节 G 银行信用卡数字营销案例解析

一、G 银行信用卡数字营销概况

G 银行在其漫长的发展历程中，信用卡业务一直是重要的业务板块，而且 G 银行是我国最大的信用卡发卡银行之一。随着互联网金融的兴起和发展，G 银行信用卡业务开始了数字化营销的探索和实践，以适应时代的发展趋势。在数字化转型的进程中，G 银行将互联网的特点融入信用卡的产品设计和市场营销中。通过优化线上申请渠道、推出"信用卡合伙人计划"等创新措施，G 银行不断拓展信用卡业务的发展空间。在产品设计方面，G 银行更加注重吸纳互联网流行元素，提升产品的美观度和吸引力，特别是对年轻客户的吸引。同时，G 银行加快信用卡产品权益的更新，以适应互联网产品的快速发展特性。通过自主研发的"工银 e 生活"APP，G 银行成功搭建了一个线上线下一体化的互联网消费生态圈。这一平台不仅为用户提供了便捷的金融服务，还极大地丰富了用户的消费体验。

2017 年是 G 银行信用卡数字化营销的起始年，通过不断的探索和实践，G 银行在数字化营销方面取得了显著成绩。

随着互联网同类产品的增多，G 银行信用卡营销面临新的挑战。数字化营销实施过程中的问题开始逐渐显现，如客户活跃度和不良率等关键指标的波动，这对信用卡后续发展提出了更高的要求。

近年来，G 银行软件开发中心认真贯彻落实中央金融工作会议精神，紧密围绕"数字银行"建设总目标，积极落实总行党委"数字银行"建设要求，实施"数字生态、数字资产、数字技术、数字基建、数字基因"五维布局，抢抓数字经济发展机遇，增强数字经济转型发展动力。面对复杂严峻的国际形势，叠加国内经济结构性矛盾和周期性因素，以及客户日益高涨的体验诉求和互联网金融冲击，G银行软件开发中心主动求变，加快推进信用卡业务数字化转型，坚持以人民为中心的发展思想和以客户为中心的经营理念，服务国内统一大市场，借助金融科技打好关键核心技术攻坚战，实现高水平自立自强，依法合规大力创新开拓信用卡业务，适应客户需求和监管新变化，聚焦实体经济重点领域，加大消费支持力度，通过生态场景、业务流程、营销运营、风险防控等方面的"微改进"，实现经营能力和服务水平的"大提升"，为客户提供更优产品、更好服务，进入了以智能化和开放化为特征的数字化转型新阶段。

2023年，G银行软件开发中心以信用卡数字生态工程建设方案为指导，明确了信用卡数字化转型的实施策略与举措，通过促进技术、数据等创新要素聚集，打造先进的数字化业务体系，为全面提升信用卡业务核心竞争力提供有力支撑。未来，随着金融科技转化能力的继续提升，G银行软件开发中心将进一步实现高水平科技自立自强目标，加快新技术研究和应用，完善金融产品和服务，推动金融服务下沉到更多群体和更丰富的场景中，更有力地输出支撑全产业链综合金融服务能力，促进金融产品和服务实现"全面、创新、稳健、高效"发展，彰显金融服务的温度、热度和深度，全力推进数字化转型迈上新台阶。

二、G银行信用卡数字化营销举措

G银行在信用卡业务领域实施了一系列数字化营销举措，旨在通过创新技术和市场策略，丰富用户体验和提升业务效率，保持自身在竞争激烈的金融市场中的领先地位。G银行信用卡数字化营销举措如图6-2所示。

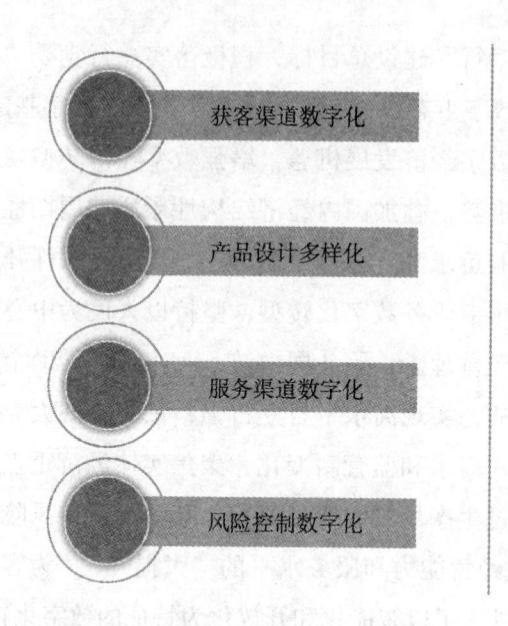

- 获客渠道数字化
- 产品设计多样化
- 服务渠道数字化
- 风险控制数字化

图 6-2　G 银行信用卡数字化营销举措

（一）获客渠道数字化

G 银行信用卡业务在数字化营销战略中，重视客户获取渠道的数字化转型。银行坚持以客户为核心的原则，在传统营销基础上，增添了数字化渠道，实现线上线下同步推进的营销模式。这一转变不仅有利于吸引年轻客户，也改变了传统银行客户年龄较大的现状。

G 银行运用信息技术构建大数据决策平台，对旗下约 3 亿活跃客户进行筛选，精确锁定那些金融交易频繁、消费意愿强烈的优质客户。此举充分利用银行雄厚的客户基础，通过提供差异化产品来扩大信用卡的客户覆盖范围。G 银行还计划分阶段深耕现有客户群体，以提升信用卡的渗透率、客户的活跃度和忠诚度，从而实现客户基数的有效增长。

针对年轻的活跃用户，G 银行更加专注捕捉这一群体的主要特征，尤其是他们经常活跃于各类 APP 和社交场景的习惯。因此，在互联网端提供便捷的信用卡办理入口，不仅构建了更加灵活的客户信用评估机制，还适当放宽了年轻群体的信用卡申请标准，从而使他们更容易获得和使用信用卡。

与此同时，G银行积极与互联网公司展开业务交流与合作，深入挖掘年轻群体的消费习惯和收入状况。G银行专注提升信用卡的支付便捷性，为年轻客户提供基本的服务保障，并建立一套客户成长体系。随着这一客户群体个人收入的增长，G银行将提供更高水平的服务，提升客户黏性和成长度。

G银行信用卡的数字化营销战略着力通过多渠道、多维度的方式拓展客户基础，特别是在吸引年轻客户方面展现出积极的姿态和创新的策略。通过综合运用大数据分析、信息技术和互联网平台，G银行不仅提升了信用卡业务的市场竞争力，还为不同年龄层的客户提供了更为精准和个性化的金融服务，展现出其在数字化转型道路上的坚定步伐和明确方向。

（二）产品设计多样化

G银行信用卡业务在数字化营销转型中注重产品设计的多样化。这一策略的核心在于结合客户的具体需求进行产品创新升级。

G银行采用互联网思维，将寻找并解决客户"痛点"作为产品创新的起点，将客户满意度作为创新成果的检验标准。

在新的产品设计方面，G银行全面梳理并精减现有信用卡产品，深入分析信用卡业务的核心风险，努力实现申请流程的简化和办卡体验的优化。这种做法旨在拓宽办卡渠道，提升办卡效率，为客户提供更好的体验。G银行在信用卡产品设计中特别重视客户分类，将产品客群化作为数字化营销的重要战略。G银行集中资源，重点针对商旅客户、女性客户、年轻客户进行市场营销，根据这些客户的消费习惯推出了"爱购周末"等主题促销活动。例如，2017年，G银行围绕年轻客户关注的个性化、体验感和互动需求，陆续推出了一系列符合其特点的信用卡产品，如途牛卡、宇宙星座卡、奋斗卡、爱车PLUS卡、小黄人卡、军魂卡、教师卡等。与此同时，G银行在全国范围内推出了"爱购周末""爱购全球"等促销活动，构建了以"爱购"为核心的促销活动体系，有效扩展了信用卡的支付消费场景。"爱购周末"促销活动一经推出，就在微信指数上取得了显著的成绩，远超同行业的其他活动，充分显示了该活动在市场上的受欢迎程度和影响力。通过不断优化信用卡产品和加强促销品牌建设，G银行利用数字化营销的机遇，丰富了信用卡客户的体验，提升了银行品牌的美誉度。

（三）服务渠道数字化

在互联网时代，客户体验成为决定服务成功的关键因素，尤其在信用卡数字化营销领域中更是至关重要。G银行深谙此道，因此，在其服务渠道数字化的过程中，重点构建了综合性的信用卡服务平台。该平台融合了生活、消费和金融服务，整合了支付、融资和信息中介等多种功能，旨在为客户提供一站式的互联网化生活和金融服务体验。

G银行在其信用卡服务平台的研发上加大了人工智能的投入和应用，通过自助服务渠道自动处理查询、咨询等简单业务，为客户提供了更好的服务体验。此外，G银行根据客户的用卡情况和消费习惯，建立了完善的信用卡客户生命周期管理体系。这一体系覆盖了客户的准入、成长、成熟、衰退和退出等各个阶段，成为信用卡个性化服务的重要决策支持系统。

通过信用卡服务平台的使用，G银行与客户建立了更加充分、有效的联系和互动。这不但使原本碎片化、临时化的服务转变为连续的、系统的高品质服务，而且大大提高了服务效率。除建立新的数字化服务平台外，G银行还对传统的电话呼叫服务进行了数字化转型。G银行信用卡业务的服务渠道数字化是其数字化营销战略的重要组成部分。通过不断创新和优化服务方式，G银行不仅丰富了客户体验，也加强了与客户的互动和联系，从而在激烈的市场竞争中保持领先地位。同时，这种服务方式的转变为G银行节约了大量的人力资源成本，提高了其整体运营效率。

第六章 数字经济背景下企业营销转型典型案例解析

(四) 风险控制数字化

在数字经济背景下，G银行在信用卡业务的风险控制方面积极引入互联网思维和技术手段，以期在大数据应用、风险防控体系建设和管理机制优化等方面实现突破，为信用卡业务的持续发展注入新动力。

G银行在大数据技术应用上不断探索，通过建立和应用数据模型，大幅度提高了大数据精准营销的准确性，同时提升了风险控制水平。G银行逐步构建了一套全面的内部管理模型体系，覆盖了从贷前申请、贷中分析监控、贷后管理到反欺诈、定价、精准营销、生命周期管理、客户画像等多个方面。这一体系的构建能够更全面地评估和管理信用卡业务风险。G银行在风险防控体系的建设上着眼传统机制的变革与创新。通过整合和分析客户的工作、学历、收入等多维度信息，G银行实现了对客户的精准授信和风险评估。这种方法不仅提高了信用卡审批的效率，也降低了潜在的信用风险。在管理机制方面，G银行优化了内部管理流程和策略，以适应互联网时代的新挑战。G银行通过引入更为先进的风险管理工具和技术，提升了风险控制的效率。同时，G银行加强了对风险控制流程的监督和评估，以确保各项风险管理措施得到有效执行。

通过上述举措，G银行在信用卡业务的风险控制方面实现了数字化转型。这不仅提高了G银行信用卡业务的安全性和稳健性，也为G银行未来的发展奠定了坚实的基础。随着科技的不断发展和市场环境的变化，G银行将继续优化和完善其风险管理体系，以在竞争日益激烈的金融市场中保持领先地位。

第三节 R汽车公司数字营销案例解析

一、R汽车公司数字营销概况

R汽车公司通过创新战略和先进技术快速发展,在汽车行业占据重要地位。在众多成就中,R汽车公司在数字化营销领域的突破尤为引人注目,为公司的品牌影响力和市场份额的增长作出了重要贡献。

R汽车公司利用数字化营销策略,提高了销售业绩。该公司认识到消费者购买行为和信息获取方式日趋数字化后,利用大数据和人工智能优化营销活动,实现精准定位和个性化推广。这种以数据为驱动的方法,不仅提高了营销效率,也增强了消费者的购买意愿,从而有效提升了整体销售成绩。

R汽车公司在社交媒体上的活跃表现也是其数字化营销成功的关键因素之一。通过与消费者的实时互动,R汽车公司不仅及时收集了市场反馈信息和消费者需求信息,还能迅速响应,加强了与消费者之间的情感联系。通过社交媒体的影响力营销,R汽车公司成功塑造了品牌形象,提升了品牌的知名度和影响力。

在内容创新方面,R汽车公司也展现出了卓越的创意和执行力。通过制作高质量的视频内容、互动式广告和虚拟现实体验等,R汽车公司不仅丰富了消费者的信息获取渠道,也提供了独特的品牌体验,增强了消费者对品牌的认同感和忠诚度。

R汽车公司还积极探索新的数字化营销渠道和工具,如通过合作伙

第六章　数字经济背景下企业营销转型典型案例解析

伴关系扩展其在数字生态中的影响力,利用区块链技术提高营销活动的透明度和信任度。这些前瞻性的探索不仅为R汽车公司赢得了先发优势,也为其长远发展奠定了坚实的基础。

二、R汽车公司数字营销的历程和举措分析

自成立之初,R汽车便明确了利用数字化手段推广品牌和产品的战略方向。随着时间的推移,这一战略不断深化和完善,帮助R汽车公司在竞争激烈的汽车行业中稳步成长,成为行业的佼佼者。

在数字化营销的初期,R汽车公司主要依靠传统的在线广告和电子邮件营销来推广其品牌和产品。这一时期,虽然成效初显,但面对越来越多的竞争对手和消费者对传统数字广告的逐渐麻木,R汽车公司意识到必须探索更加个性化和互动性强的营销手段,以更有效地吸引消费者的注意力和兴趣。于是,R汽车公司开始着力社交媒体营销和内容营销的开展。R汽车公司不仅在各大主流社交平台上建立了品牌账号,积极与消费者互动,还通过发布高质量的原创内容,如测试驾驶视频、汽车技术解析等,以增加品牌的可见度和吸引力。这些内容不仅丰富了消费者的信息来源,也大大提高了人们对R汽车品牌的认知度和好感度。

随着移动互联网的兴起,R汽车公司迅速优化移动营销策略。R汽车公司开发了自己的手机应用程序,不仅方便消费者浏览汽车信息、预约试驾和服务,还能根据用户的行为和偏好提供个性化推荐,进一步提升了用户的满意度。

进入大数据和人工智能时代,R汽车公司在数字化营销上的投入和探索更是进入了新的阶段。R汽车公司利用大数据分析来优化其营销活动,通过精细化市场细分和个性化营销实现了营销资源的最优配置。

R汽车公司还积极探索新兴的数字营销渠道和形式,如虚拟现实(VR)和增强现实(AR)的应用。通过虚拟现实,消费者可以在家中产生身临其境的试驾感受;增强现实则能够将汽车的详细信息和配置以动

态和互动的方式展现给消费者，极大地丰富了消费者的购车体验。

2021年4月，R汽车公司联合网络直播平台推出新车上市预售直播，并且获得圆满成功。数据显示，直播间总人数超过502万，在线峰值人数超过13.2万，收获总评论数16 998条，转发直播间次数达14 065次，直播间总点赞数超过100万，直播中收到有效的销售线索超过2 800条。此次的直播也成功拉开了R汽车公司新车上市所打造的长周期、矩阵式营销的帷幕，一系列亮眼数据印证了此次活动取得"开门红"，迅速引起了大众关注。值得注意的是，此次营销活动中，R汽车公司在直播平台的磁力矩阵运营全面激活，推出经销商直播PK赛以及达人到店直播卖车活动，在经销商销售体系中评选出具备优秀直播能力的明星主播，进一步提升新车上市后的后链路转化效果。

2022年，R汽车公司在数字营销领域进一步发力，从设计到营销可谓"遍地开花"，在国潮领域有了新的发展。R汽车公司全新上市定位年轻消费者的全新SUV车型，在外观设计方面跳出了家族式设计，由R汽车公司和英国国际化团队共同"操刀"，融入东方美学，勾勒出锐意灵动的国风韵味。

2023年，R汽车公司开启数字营销的新征程，携手网红明星共同发力，拍摄短片，加大宣传力度，破圈效果相当不错。这在一定程度上进一步提升了企业的知名度，打开了新的销售渠道。许多网友表示，这一波广告打得非常响亮，虽然广告的目的明确，但是丝毫没有引起用户的反感，这种幽默诙谐的方式在软件平台上为R汽车公司吸引了大批粉丝。

第七章 企业营销的未来展望

第一节　大数据驱动精准营销不断升级

一、未来企业将收集和分析海量数据

在未来，企业的数据收集和分析能力将得到显著提升，这将开启一个全新的营销时代。

企业将能够从多个渠道获取大量数据，包括但不限于消费者的在线行为、购买历史、社交媒体互动和地理位置信息。这些数据的综合分析将成为企业制定策略的关键，帮助企业更准确地洞察市场和消费者需求。

消费者的在线行为数据提供了对其兴趣和偏好的直接视窗。通过跟踪用户在互联网上的活动，如搜索查询、网站访问和在线购买行为，企业可以描绘出消费者的兴趣图谱，从而针对性地设计产品和提供信息。

购买历史数据是了解消费者行为的宝贵资源。分析消费者的过往购买记录，可以帮助企业发现消费者的购买习惯、品牌偏好和消费周期。基于这些信息，企业可以有效地预测消费者未来的购买行为，并制定个性化的营销和促销策略。

社交媒体互动是一个重要的数据源。通过分析消费者在社交媒体上的活动，如点赞、分享、评论等，企业可以洞察消费者的态度、意见和生活方式。这些信息对品牌形象建设和社交媒体营销策略的制定至关重要。

地理位置信息为企业提供了重要的数据支持。通过分析消费者的地理位置数据，企业可以了解消费者在特定地点的行为模式，为地理定位营销提供依据，并在区域市场中进行更精准的定位和策略制定。

在这一过程中，企业将依赖先进的数据分析工具和算法，如机器学习和人工智能，来处理和分析大规模的数据。这些工具不仅能够处理大量复杂的数据集，还能从中提取有价值的信息。

通过这些多渠道的数据分析，企业将构建一个全面且细致的消费者画像。这个画像不仅涵盖消费者的基本信息，还包括其行为习惯、购买偏好、生活方式甚至情感状态。基于这一画像，企业可以设计更加贴合消费者需求的产品和服务，提升市场适应性和竞争力。

企业将实现更高水平的市场细分和个性化营销。不再是对广泛市场的粗略投放，而是基于深入洞察的精准营销策略，这将极大地提高营销效果，提供消费者的满意度和忠诚度，从而在激烈的市场竞争中取得优势。此外，随着数据分析技术的不断进步，未来企业在数据管理方面也将面临更多新的机遇和挑战，如数据隐私保护和伦理问题，这些是企业需要认真考虑的重要方面。

二、未来消费者在线数据将提供了解用户兴趣和需求的信息

未来消费者在线数据将提供了解用户兴趣和需求的信息，这使企业具备了较强的市场洞察能力。随着互联网技术的发展和消费者行为的数字化，企业可以通过分析消费者在线数据，如搜索记录、网页浏览历史、购物车内容、社交媒体活动等，深入了解消费者的兴趣和需求。

在线数据分析的优势在于其实时性和精确性。通过实时监测消费者的在线行为，企业可以快速捕捉市场变化和消费者需求的新趋势。例如，通过分析消费者对特定产品的搜索频率和停留时间，企业可以预测哪些产品或服务可能成为市场的新宠。这种动态的市场洞察能力，使企业能够迅速调整营销策略和产品规划，以适应市场的变化。

消费者的在线购物行为提供了关于其购买偏好和决策过程的深入见解。通过分析消费者在电商平台上的浏览和购买记录，企业可以了解哪

些因素会影响消费者的购买决策，如价格、品牌、产品特性和用户评价等。这些信息对企业优化产品、制定定价策略和丰富用户体验至关重要。

社交媒体上的消费者行为是另一个重要的数据来源。消费者在社交媒体上的点赞、评论、分享和发布的内容反映了他们的兴趣和态度。分析这些数据，企业不仅可以了解消费者对品牌和产品的感知，还可以捕捉更广泛的社会趋势和文化倾向。这对品牌形象建设、广告创意开发和内容营销具有重大意义。地理位置数据也为企业提供了新的市场洞察维度。通过分析消费者的地理位置信息，企业可以识别特定区域内消费者的兴趣和消费习惯，从而在地区市场中实施更精准的目标营销。

面对这些丰富的在线数据，企业需要运用先进的数据分析技术和工具，如机器学习和人工智能，来处理和分析这些复杂的数据集。这些技术不仅可以自动识别模式和趋势，还可以提供个性化的消费者需求预测。随着技术的发展，未来的在线数据分析将更加智能和高效。结合人工智能和自然语言处理技术，企业可以更深入地理解消费者的语言和情感，从而提供更个性化和情感化的服务和产品。

在未来，企业的竞争将不仅仅取决于产品和服务的质量，还取决于对消费者数据的理解和应用能力。通过精准分析消费者的在线行为，企业可以更好地满足消费者的需求，创造更具吸引力的产品和服务，从而在激烈的市场竞争中获得优势。同时，企业需要关注数据隐私和安全问题，确保在分析和应用消费者数据的过程中遵守相关法律法规，保护消费者的隐私。

三、未来社交媒体将成为企业数据分析的关键

在未来的市场环境中，社交媒体将成为企业数据分析的关键领域，其重要性日益凸显。社交媒体不仅是消费者表达观点、分享生活和互动交流的平台，也是企业了解消费者的兴趣和需求、塑造品牌形象和实施营销策略的平台。

通过深入分析消费者在社交媒体上的活动，如点赞、分享、评论和发布的内容，企业能够了解消费者的兴趣和需求，这对品牌建设和营销策略的制定至关重要。社交媒体上的用户活动反映了消费者的真实态度和意见。企业可以通过分析用户对特定话题或品牌的讨论，了解消费者对其产品或服务的看法，包括他们喜欢什么、不满意哪些方面，以及他们的需求和期望。这些信息对企业改进产品、优化服务和调整市场策略非常有价值。消费者在社交媒体上的行为模式和互动习惯，为企业提供了洞察消费者生活方式和文化趋势的机会。企业可以通过分析消费者分享的内容、他们关注的话题和参与的社群，深入理解消费者的兴趣、生活方式和价值观。这些信息有助于企业在营销传播中更好地与目标消费者产生共鸣，提高品牌的吸引力和影响力。社交媒体上的数据还为企业提供了监测市场趋势和预测消费者行为的可能。通过分析社交媒体上的热点话题和趋势，企业可以及时捕捉市场变化，发现新的市场机会或潜在的风险。这对企业快速适应市场变化、制定灵活的营销策略具有重要意义。

在未来，随着人工智能和机器学习技术的发展，社交媒体数据分析将更加精准和高效。企业可以利用这些技术深度挖掘和分析大量的社交媒体数据，从而了解消费者的兴趣和需求。同时，这些技术能帮助企业实现个性化营销，通过精准分析用户的社交媒体行为，向他们推送更加贴合个人兴趣和需求的内容与广告。

第二节 云计算驱动自动营销全面打通

一、云计算使得大数据分析变得更加高效可行

未来的营销领域，云计算将彻底改变大数据分析的格局，为企业提供前所未有的效率和能力。利用云平台的强大计算能力和高效的数据处理机制，企业能够对海量消费者数据进行更深入、更快速的分析，从而制定更精准和动态的市场策略。

云计算的最大优势在于其处理大规模数据的能力。随着消费者数据量的日益增长，传统的数据处理方法变得越来越不适应。云平台可以轻松处理这些大规模数据集，无论消费者的在线行为数据、购买历史还是社交媒体互动，都可以迅速被收集和分析。这能够使企业从海量数据中提取有用信息，快速识别和适应市场变化。云计算支持更复杂的数据分析模型和算法。通过机器学习和人工智能，企业可以在云平台上构建更为精准的预测模型，对消费者行为进行深入分析。例如，企业可以通过分析消费者的购物路径和购买习惯，预测其未来的购买行为，从而有效地接触目标客户。云计算的实时数据处理能力对了解市场趋势和消费者需求至关重要。在动态变化的市场环境中，消费者的需求和偏好可能迅速变化。云计算能够使企业实时监测和分析这些变化，迅速调整市场策略，确保营销活动始终与消费者的当前需求保持一致。云平台的高度可扩展性也为企业带来了巨大的灵活性。企业可以根据需求存储资源，这对于应对市场高峰期或进行大规模营销活动尤为重要。这种灵活性不仅

降低了企业的成本,还提高了其市场响应速度和灵活性。云计算为企业提供了数据安全和合规性保障。随着数据隐私和安全成为全球关注的焦点,利用云平台的企业可以更好地管理和保护消费者数据。云服务提供商通常会提供高级的安全措施,如数据加密和访问控制,确保数据的安全。

可见,云计算在未来的营销领域将发挥至关重要的作用。其强大的数据处理能力、高效的分析工具、实时的数据更新、可扩展的资源配置和严格的数据安全措施,能够使企业更有效地利用消费者数据,更精准、更灵活地进行市场定位,实现个性化营销。随着云计算的不断发展和完善,企业将在这一转型过程中发现更多的机遇和挑战。

二、云计算将支持营销活动的自动化执行

随着云计算的成熟和普及,未来企业在营销领域的自动化程度将大幅度提升。云平台的强大功能将使企业更高效、更统一地执行各种营销任务,从而在激烈的市场竞争中占据优势。

云计算支持营销活动的自动化,主要体现在几个方面。云平台可以实现营销内容的自动化发布。企业可以利用云平台安排和发布社交媒体内容、电子邮件营销内容和网站更新信息。通过设置预先规划的发布时间和内容,企业可以确保营销信息及时、准确地到达目标受众,这减少了人力资源的投入。云计算可以支持广告投放的自动化。企业可以利用云平台上的数据分析工具,根据消费者的行为和偏好自动调整广告内容和投放渠道。这种基于数据驱动的广告投放策略可以提高广告效果,降低无效曝光,从而提高投资回报率。云计算在客户关系管理方面的应用也极为重要。通过云平台,企业可以自动收集和分析客户数据,包括购买历史、互动记录和反馈信息。这些信息有助于企业更好地理解客户需求,提升服务质量,同时自动化的工作流程可以提高客户服务的效率和响应速度。在销售促进方面,云计算能够使企业更加灵活和精准地开展

市场活动。例如，企业可以根据市场反馈信息快速调整促销策略，自动发送个性化的促销信息给目标客户，或者在特定事件（节日、促销季等）自动启动特定的营销活动。云平台的集成能力可以使企业将营销与其他业务流程（供应链管理、产品开发等）紧密结合。通过在云平台上整合来自各个部门的数据，企业可以实现更加协调一致的业务操作，从而提高整体运营效率。

未来，随着云计算的不断发展，企业在营销自动化方面的能力将进一步增强，开启全新的营销时代。

三、云计算将促进企业营销渠道深度整合

在未来的营销领域，特别是在整合线上线下各种营销渠道方面，通过云平台，企业能够实现不同渠道数据的统一管理和分析，这不仅为企业提供了一个全面的市场视角，还极大地提高了跨渠道营销活动的效果和协同性。云计算的集中数据管理能力能够使企业整合来自线上线下的各种数据源。无论是电商平台的购买数据、社交媒体的互动数据，还是实体店的顾客流量和销售数据，都可以通过云平台进行收集和汇总。这种数据的集中管理不仅提高了数据处理的效率，还保证了数据的一致性和准确性。云平台提供的高效数据分析工具能够使企业深入挖掘和分析整合后的大数据，从而获得更加全面和深入的市场信息。企业可以利用这些工具分析消费者的行为模式、购买偏好以及市场趋势，从而明确市场定位和制定营销策略。云计算还支持跨渠道营销活动的协同和优化。通过对线上线下数据的整合分析，企业可以设计一致的营销活动，确保在不同渠道上为顾客提供一致的体验。这种跨渠道的协同营销不仅增强了品牌影响力，还提高了营销活动的整体效果。同时，云平台能够使企业实时监控和调整营销策略。在市场环境或消费者需求发生变化时，企业可以快速收集相关数据，通过云平台分析这些数据，并及时调整营销策略。这种灵活性和快速响应能力对企业在竞争激烈的市场中保持优势

至关重要。云计算还为企业提供了更大的创新空间。企业可以利用云平台快速测试和部署新的营销工具和应用，探索新的营销渠道和方法。这种创新能力能够使企业不断适应市场变化，探索更有效的营销策略。

四、云计算将推动企业根据市场需求调整发展策略

云计算在未来将成为推动企业根据市场需求灵活调整发展策略的关键技术。随着市场环境的快速变化和消费者需求的不断演进，企业必须具备迅速响应的能力。云计算提供的强大数据处理能力、先进的技术等，能使企业及时调整其营销和发展策略，以应对市场的变化。云计算的高度可扩展性能够使企业根据市场需求快速调整资源。在市场高峰期或面临突发事件时，企业可以即时增加云资源来处理增加的数据流量和事务处理需求，而在市场低迷期，则可以相应减少资源使用量，以降低成本。这种灵活性能够使企业更有效地应对市场波动，保持业务的连续性和稳定性。云平台支持企业实时监控市场动态和消费者行为。通过在云平台上部署高级的数据分析工具和算法，企业可以持续跟踪市场趋势、消费者偏好和竞争对手的动态。基于这些实时洞察，企业可以快速调整其产品策略、营销活动和服务模式，以更好地满足市场和消费者的需求。云计算促进企业内部决策流程的优化。云平台提供的数据共享和协作工具能够使不同部门和团队高效协作，共享信息，加快决策过程。这对企业在快速变化的市场环境中保持敏捷和灵活至关重要。云计算为企业提供了更多的创新机会。企业可以利用云平台快速部署和测试新的业务模型、产品和服务，运用不同的市场策略，从而不断寻找适合当前市场的发展路径。这种快速迭代和创新的能力是企业在竞争激烈的市场中脱颖而出的关键。

五、云计算将促进企业营销策略持续优化

未来，云计算在企业营销策略的持续优化中至关重要，企业要不断

第七章 企业营销的未来展望

地调整和优化其营销策略，从而更加高效地收集数据和反馈信息，实现营销策略的快速迭代和创新。

云平台的高效数据处理能力为企业提供了大量实时市场和消费者数据。这些数据来源于多个渠道，包括社交媒体、电子商务平台、在线广告等。通过这些数据，企业可以快速了解市场趋势、消费者偏好和行为模式。基于这些洞察，企业可以更准确地制定和调整营销策略，以更好地满足市场需求。云计算支持企业进行持续的营销策略测试和优化。企业可以利用云平台上的分析工具，对不同的营销策略进行评估。例如，通过 A/B 测试，企业可以比较不同的广告内容、营销渠道或促销活动的效果，从而找出有效的策略。这种基于数据的测试和优化过程，能够使企业持续改进其营销策略，提高营销活动的投资回报率。云计算的灵活性和可扩展性能够使企业根据市场变化快速调整营销策略。在市场需求发生变化或新的营销机会出现时，企业可以迅速扩展云资源，部署新的营销工具和应用。这种快速响应能力对企业保持市场竞争力至关重要。云计算促进企业内部的协作和沟通。通过云平台，不同部门和团队可以更加高效地共享信息和协作，快速完成决策和执行过程。这对制定跨部门的统一营销策略和保持品牌一致性非常重要。

未来，企业利用云计算提供实时数据、支持持续测试和优化、灵活调整资源、促进内部协作和保障数据安全，从而更有效地应对市场挑战，实现营销创新。

第三节 物联网推动全球营销生态发展

一、物联网将提供大量实时数据以便企业深入了解消费者需求

物联网的快速发展为企业提供了前所未有的机会，特别是在获取和分析大量实时数据以深入了解消费者需求方面。智能设备和传感器收集的数据能够帮助企业了解消费者的需求，设计出更加个性化的营销策略，为客户提供更好的体验。

智能设备和传感器作为物联网的关键组成部分，可以在消费者的日常生活中无缝集成，持续收集关于消费者行为和环境的数据。这些数据包括消费者的使用习惯、购买行为、偏好以及环境变量（如温度、湿度等）。通过对这些数据的实时分析，企业可以更准确地了解消费者的需求和偏好，发现潜在的市场机会。例如，智能家居设备能够提供关于消费者家庭生活习惯的数据。这些数据对零售商和生产公司来说具有较高的价值，它们可以基于这些数据来调整产品线，设计更符合消费者需求的产品。物联网设备还可以追踪消费者的购物习惯和偏好。智能冰箱可以追踪食品存储和消耗情况，智能穿戴设备可以收集关于健康和健身习惯的数据。这些数据不仅能帮助企业了解消费者的具体需求，还可以预测其未来的购买行为，提供更加精准的产品推荐和促销活动。在物联网的帮助下，企业还可以实现更加精细的市场细分。通过分析从各种智能设备收集的数据，企业可以识别不同消费群体的独特需求和行为模式，设计有针对性的营销策略和定制化的产品。

二、物联网将使企业营销更加个性化和多样化

在未来,物联网将在企业的营销战略中改变传统的营销模式,为消费者提供更具针对性的产品和服务。

通过物联网,企业能够收集有关消费者兴趣、需求等方面的详细数据,为个性化营销提供丰富的信息。智能家居设备,如智能冰箱、恒温器和照明系统等,可以提供有关消费者的食品偏好、居住环境和能源使用情况等方面的数据。这些数据可以帮助企业了解消费者的具体需求,从而提供更加个性化的产品和服务。例如,智能冰箱可以追踪食品存储和消耗情况,企业可以据此推送相关食品的补充购买或健康饮食建议。物联网通过不同类型的智能设备收集的数据,让企业设计多样化的营销活动,以满足不同消费者的需求。例如,智能穿戴设备收集的健康和运动数据可以用来推广健身产品或服务,而智能汽车收集的行驶数据可以用来提供定制化的汽车保养和升级服务。物联网还能够使企业更好地适应市场变化,实时分析消费者数据,快速识别市场趋势和消费者偏好的变化,及时调整营销策略。这种灵活性不仅提高了营销活动的效果,也能够使企业更有效地应对市场竞争。同时,物联网将为企业提供新的营销渠道。随着智能设备的普及,企业可以通过这些设备直接与消费者互动,如通过智能电视推送定制化广告,或通过智能手机应用提供个性化推荐。这些新渠道为企业提供了更多与消费者接触和互动的机会。

通过利用智能设备收集的实时数据,企业可以更好地了解消费者需求,设计更加贴合消费者的营销策略,并通过新的营销渠道与消费者互动。随着物联网技术的不断进步,企业将在营销方面实现更大的创新,更有效地应对市场挑战。

三、物联网将帮助企业优化营销渠道和触点

物联网的发展和普及正在彻底改变企业与消费者之间的互动方式。

传统的营销渠道,如电视广告、印刷媒体、线上广告平台,正逐渐被更加个性化的物联网所取代。这一新渠道为企业提供了与消费者在日常生活中更自然、更密切互动的机会,极大地提高了营销策略的有效性。物联网设备的普及,尤其是智能冰箱、汽车、家居系统的普及,为企业提供了全新的营销触点。这些设备不仅能够收集关于消费者日常生活习惯和偏好的数据,还可以作为直接向消费者传递营销信息的渠道。例如,智能冰箱能够追踪食品存储和消费情况,企业可以基于这些信息向消费者推荐相关的食品或促销活动。

(一)物联网可以使营销活动更加精准地定位消费者

物联网的发展在为营销带来革命性的变化,使得企业能够通过分析智能设备收集的数据,更加精准地定位消费者并实施有效的营销策略。这种基于场景和数据的营销方法显著优于传统的广泛投放方式,因为它能够直接对消费者当前的需求和兴趣作出响应。

物联网设备能够提供有关消费者日常活动的细节信息,包括他们的行为模式、活动区域和使用习惯。例如,智能家居系统可以收集关于居家环境的数据,如温度调节情况、照明偏好等。这些信息可以帮助企业了解消费者的需求,从而设计更贴近消费者生活方式的营销活动。

物联网技术使得企业可以根据消费者的实时数据进行营销决策。例如,智能穿戴设备可以提供关于消费者健康和运动习惯的数据,企业可以基于这些数据来推广相关的健康和健身产品。同样,智能汽车可以收集关于驾驶习惯和车辆使用情况的数据,通过分析这些数据,汽车公司可以提供更加个性化的车辆服务。

(二)物联网可以为企业提供市场调研的机会

物联网的发展为企业带来了一种全新的市场调研方式,即通过智能设备收集的数据来实时监测市场趋势和消费者行为的变化。物联网可以使企业实时收集和分析消费者行为数据。智能设备,如智能手机、可穿戴设备、智能家居设备等,能够不断收集用户的活动数据、健康数据、购买行为等信息。这些数据为企业提供了即时的市场反馈信息，帮助企业了解消费者的实际需求和行为模式，从而更快速、更准确地调整市场策略。物联网提供的数据不仅限于定量的，还包括定性的洞察。例如，通过智能设备收集的使用模式和偏好设置，企业可以了解消费者的生活习惯、兴趣和偏好。这些深层次的洞察有助于企业在产品设计、功能优化和服务创新等方面作出更有针对性的决策。物联网使得市场调研更加多元化和全面。通过不同类型的智能设备收集的数据，企业可以获得来自不同消费群体、不同生活场景的市场信息，这有助于企业在多元化的市场中找到自己的定位，提供满足不同消费者需求的产品和服务。

（三）物联网促进跨渠道营销策略的发展

物联网正在引领营销策略的革新，特别是在跨渠道营销方面。

随着消费者与互联网的联系日益密切，物联网设备提供的数据已成为企业构建全渠道营销策略的关键资源。这种策略的核心是将来自物联网设备及传统线上线下渠道的数据进行整合分析，以实现营销活动的一致性和连贯性。

物联网设备提供的数据能够使企业深入了解消费者的真实行为和需求。通过智能家居、可穿戴设备、智能车载系统等收集的数据，企业可以洞悉消费者的生活习惯、活动模式和消费偏好。结合传统线上线下渠道获取的消费者数据，企业可以绘制出全面的消费者画像。物联网支持企业高效地整合和分析不同渠道的数据。通过云计算和大数据分析技术，企业能够将分散于各个渠道的数据汇总并进行分析。这样的数据整合不仅提高了数据利用率，也有助于企业发现潜在的市场机会。跨渠道数据整合能使企业设计出更为一致的营销策略。无论消费者是在实体店购物、通过电子商务平台下单，还是在社交媒体上与品牌互动，企业都能提供统一的品牌信息。这种一致性对建立强大的品牌形象和提高顾客的忠诚度很重要。同时，物联网增强了企业对营销活动的实时监控和调整能力。通过实时收集的数据，企业可以迅速评估不同营销渠道和策略的效果，并及时进行调整，以优化营销活动。这种营销策略是传统营销方法难以比拟的。

参考文献

[1] 南开大学数字经济研究中心编写组.数字经济与中国[M].天津：南开大学出版社，2021.

[2] 王世渝.数字经济驱动的全球化[M].北京：中国民主法制出版社，2020.

[3] 刁生富，冯利茹.重塑：大数据与数字经济[M].北京：北京邮电大学出版社，2020.

[4] 陈富良.算法共谋：数字经济时代的监管难题[M].北京：人民日报出版社，2022.

[5] 毛丰付，娄朝晖.数字经济：技术驱动与产业发展[M].杭州：浙江工商大学出版社，2021.

[6] 蒋嫒嫒.中国数字经济宏观影响力评估[M].上海：上海社会科学院出版社，2021.

[7] 颜阳，王斌，邹均.区块链+赋能数字经济[M].北京：机械工业出版社，2018.

[8] 熊广勤，罗琳涵.技术性贸易壁垒冲击下数字经济与国家对外贸易与融资：基于RCEP成员国的实证分析[J].当代经济，2024，41(2)：48-58.

[9] 李文博.数字经济对跨境电子商务的影响分析[J].对外经贸，2024

（1）：50-53.

［10］孙晶晶.数字经济背景下商务数据分析课程教学改革实践与探索［J］.对外经贸，2024（1）：128-131.

［11］陈康.数字经济背景下惠州国有企业出口贸易高质量发展探究［J］.对外经贸，2024（1）：6-9.

［12］张雪洋.数字化转型对制造业全要素生产率的影响研究［J］.对外经贸，2024（1）：45-49.

［13］褟圆华，蒙昕.数字经济视角下"双融"跨境电商人才培养模式研究［J］.对外经贸，2024（1）：120-123.

［14］寿松涛，杨诗培，熊巧.粤港澳大湾区建立数字人民币创新区探究［J］.对外经贸，2024（1）：54-57，160.

［15］曹飞廉，邱艳.乡村振兴背景下数字经济与家庭创业新模式［J］.中国集体经济，2024（4）：1-4.

［16］李敏.企业营销成本管控及效能提升策略研究［J］.商场现代化，2024（2）：43-45.

［17］胡敏."互联网+"背景下企业市场营销模式创新研究［J］.商场现代化，2024（2）：49-51.

［18］杜玉涛.企业客户开发与维护市场营销策略研究［J］.商场现代化，2024（3）：39-41.

［19］刘书羽.邮政企业报刊线上订阅系统营销策略刍议［J］.邮政研究，2024，40（1）：68-72.

［20］江颖达.精细化电力营销服务管理措施探究［J］.大众标准化，2024（2）：136-138.

［21］李洁.互联网背景下企业营销创新策略研究综述［J］.江苏商论，2024（2）：19-22.

［22］柯维林，卢长宝，许陶然.运气信念对在线抽奖促销参与意愿的影响：概率与价值视角［J］.广东财经大学学报，2024，39（1）：

114-128.

[23] 刘诗桐，曹藩荣，李华锋等．基于财务分析视角的新式茶饮企业营销策略研究［J］．中国茶叶，2024，46（1）：22-28，35．

[24] 黄仁杰，黄书益．电力现货市场背景下的发电企业营销支持系统建设［J］．信息系统工程，2024（1）：20-22．

[25] 毛用之．大数据在企业营销管理中如何创新[J]．中国商界，2024(1)：154-155．

[26] 杨先．新经济形势下企业市场营销策略创新研究[J]．现代商贸工业，2024，45（4）：162-164．

[27] 周利星．电商平台背景下商贸物流企业市场营销模式创新研究［J］．商业经济研究，2024（1）：105-107．

[28] 孙铎．大营销背景下证券投资业务管理研究［J］．中国集体经济，2024（1）：97-100．

[29] 梁碧轩，罗嘉琪，刘天磊．大数据时代企业精准营销存在的问题及对策［J］．市场周刊，2024，37（1）：81-84．

[30] 陈梦娟．基层烟草企业营销团队建设的方法与途径探究［J］．中国产经，2023（24）：47-49．

[31] 郭献山．数字经济背景下中小企业市场营销数字化转型研究［J］．江苏科技信息，2023，40（36）：50-53．

[32] 胡志勇．新时代建筑企业市场营销人员激励约束机制高质量发展思考［J］．四川建筑，2023，43（6）：280-281，285．

[33] 王袁欣，苍海心，范小青．全媒体传播体系下科技企业数字营销的传播策略：以华为公司为例［J］．传媒，2023，（24）：70-72．

[34] 朱睿．企业微博营销对大学生购买决策的影响研究：以滁州职业技术学院学生为例［J］．滁州职业技术学院学报，2023，22（4）：78-81．

[35] 董晓妮．企业市场营销与经济管理的有效融合分析［J］．活力，

2023, 41（23）：76-78.

［36］康钰浩.大数据背景下企业统计分析应用研究［J］.中国中小企业，2023（12）：162-164.

［37］陈芊竹.物流企业的市场营销策略探讨：以M企业为例［J］.物流科技，2023，46（24）：9-11，15.

［38］刘正.企业市场营销中的服务竞争策略研究［J］.商场现代化，2023（24）：57-59.

［39］刘岩.大数据分析对企业市场营销的影响研究［J］.北方经贸，2023（12）：123-126.

［40］詹志方，向佳雯，黄雨荷，等.制度理论与资源基础视角下零售企业全渠道营销战略选择研究［J］.商场现代化，2023（24）：1-4.

［41］王丽锟，袁丽蓉.人工智能对种子企业的营销机遇和对应策略［J］.分子植物育种，2024，22（1）：334-338.

［42］李蓓.数字经济背景下企业品牌营销策略创新研究［J］.中国商论，2023（23）：62-65.

［43］詹志方，王辉.移动互联网时代零售企业全渠道营销战略选择研究［J］.现代营销（上旬刊），2023（12）：161-163.

［44］贾菲璠，韩文举，胡美娜.大数据时代企业电子商务营销对策研究［J］.现代营销（上旬刊），2023（12）：149-151.

［45］史伟.基于支付预算约束的顾客价值研究［J］.现代营销（上旬刊），2023（12）：152-154.

［46］姚丹婷，陈煜媛.精准营销在企业电子商务中的应用研究［J］.老字号品牌营销，2023（23）：17-19.

［47］卞纪兰，王钰心.互联网背景下B企业冷鲜肉营销策略研究［J］.黑龙江农业科学，2023（12）：97-101.

［48］施治.大数据背景下企业市场营销策略研究［J］.老字号品牌营销，2023（23）：23-25.

[49] 赵子云.数字经济背景下品牌特征与品牌营销创新策略［J］.财讯，2023（23）：186-188.

[50] 马梅滋，唐海云.企业的微信营销研究：以中小型化妆品企业为例［J］.全国流通经济，2023（23）：45-48.

[51] 张艾.浅谈供电企业营销稽查未来发展趋势［J］.农村电工，2023，31（12）：12.

[52] 黎梅飞.经济全球化环境下企业市场营销策略探讨［J］.商场现代化，2023（23）：34-36.

[53] 徐晴方好.化妆品行业在华营销策略及对中国企业的启示：以雅诗兰黛集团为例［J］.商场现代化，2023（23）：43-45.

[54] 林耀明.营销管理策略对企业市场份额的影响研究［J］.商业观察，2023，9（34）：97-100.

[55] 周飞飞.基于网络经济的企业营销价值关系变化与营销创新策略探析［J］.全国流通经济，2023（22）：92-95.

[56] 刘寒冰.企业经济管理与市场营销融合的对策［J］.全国流通经济，2023（22）：76-79.

[57] 李晨曦.茶叶企业的网络营销策略研究［J］.企业改革与管理，2023（22）：98-99.

[58] 徐珊.电改背景下电力企业市场营销创新策略探讨［J］.企业改革与管理，2023（22）：95-97.

[59] 徐忠良.房地产代理营销企业加强应收账款管理的有效策略探讨［J］.企业改革与管理，2023（22）：149-151.

[60] 李安琪，姚作为.企业数字化转型对品牌资产的影响研究：基于营销投入和创新能力的门槛效应分析［J］.统计理论与实践，2023(11)：9-17.

[61] 唐思琪.A企业差异化营销策略探讨［J］.中国市场，2023（33）：127-130.

［62］陈俊.农业企业营销数据能力对财务绩效的影响研究［J］.中国市场，2023（33）：131-134.

［63］毛超.直播营销视角下传统零售企业自有品牌的营销策略创新研究［J］.中国商论，2023（22）：137-140.

［64］杜阳丽."互联网+"背景下企业市场营销管理的创新路径［J］.市场瞭望，2023（22）：20-22.

［65］温高明.互联网背景下企业市场营销创新思考研究［J］.市场瞭望，2023（22）：23-25.

［66］黄爱云.数字经济时代企业营销战略创新路径探索［J］.商场现代化，2023（22）：37-39.

［67］郝学坤.大数据背景下汽车市场服务营销的特点及营销策略研究［J］.商场现代化，2023（22）：31-33.

［68］李思华.信息化时代传统品牌企业网络营销策略分析［J］.老字号品牌营销，2023（22）：3-5.

［69］田巧莉，黄启新.电商营销背景下塑料企业的品牌建设研究［J］.塑料工业，2023，51（11）：201-203.

［70］孙艺博，范小艳.基于客户关系管理的电力营销模式研究［J］.电气技术与经济，2023（9）：231-233.

［71］吴式胜，周飞，雷燕红，等."互联网+"背景下企业市场营销模式创新研究［J］.老字号品牌营销，2023（22）：35-37.

［72］孔祥阳，洪巍城，沈洋，等.基于价值量化管理的塑料企业营销机制研究［J］.塑料工业，2023，51（11）：204-205.

［73］李安格.新环境下物流企业的市场营销策略探讨［J］.中国物流与采购，2023（22）：65-66.

［74］魏锦.网络营销在企业经济管理中的运用探析［J］.中国管理信息化，2023，26（22）：99-101.

［75］林佳伟.A钢铁企业营销策略现状及存在的问题［J］.新疆钢铁，2023（4）：43-45.

［76］汪涛.电力企业市场营销服务质量与用户满意度研究［J］.商业2.0，2023（32）：4-6.

［77］钱丽萍，雷宇，陈鑫，等.上市公司独立董事网络结构洞影响创新绩效机理探究：企业营销能力和组织冗余的调节作用［J］.中央财经大学学报，2023（11）：116-128.

［78］张晓兰.数字营销视域下天津老字号企业营销体系研究［J］.商业观察，2023，9（32）：105-108.

［79］熊威.数字化背景下企业亟待加大营销团队创新力度［J］.中国商界，2023（11）：54-55.

［80］蒋小兰.社交媒体提升纺织企业市场营销效果的路径研究［J］.化纤与纺织技术，2023，52（11）：63-65.

［81］赵南星.服装企业的电商直播营销策略研究［J］.化纤与纺织技术，2023，52（11）：57-59.

［82］詹琳.湘西州旅游企业竞争力与其脆弱性关系探析：基于50家企业的调查数据［J］.长沙大学学报，2023，37（6）：46-53.

［83］毛菁菁.中小服装纺织企业市场营销渠道的优化策略［J］.化纤与纺织技术，2023，52（11）：51-53.

［84］杨霄，徐珊珊.新媒体营销思维对企业竞争力的影响分析［J］.上海商业，2023（11）：74-76.

［85］钟思雪."互联网+"时代企业数字营销创新路径研究［J］.中国中小企业，2023（11）：165-167.

［86］刘莎.数字经济时代企业营销战略创新路径探索［J］.商场现代化，2023（21）：49-51.

［87］屈博文.经济全球化下企业品牌营销的策略探讨［J］.商展经济，2023（21）：72-75.

[88] 刘益，崔海涛，束晟.移动互联网情境下的全渠道营销研究［J］.营销科学学报，2023，3（1）：2-17.

[89] 张黎伟.ZMD汽车公司数字营销体系建设策略及实施保障研究［D］.长春：吉林大学，2022.

[90] 杨海燕.基于5A模型的汽车行业数字营销策略研究［D］.北京：对外经济贸易大学，2021.

[91] 中国移动研究院.数字化营销现状与趋势［R］.北京：中国移动研究院，2021.